내일은 내 일이 가까워질 거야

내일은 내 일이 가까워질 거야

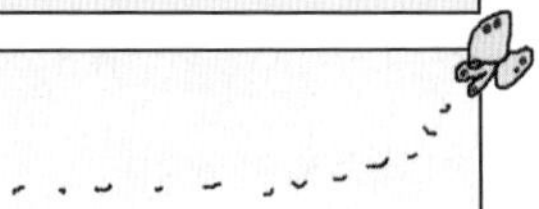

좋아하는 것을 찾고
진로를 탐색하는
너에게

김시원·노지양·문성실·박혜연·배윤슬·신지은
이소영·이순영·이은조·전해림·재인·홍종원 지음

곰곰

차례

박물관과 유물 사이, 사람의 마음을 메일링해요 7
국립중앙박물관 연구원 ◆ 신지은

게임 데이터를 분석하며 사회적 통찰을 발견합니다 25
데이터과학자 ◆ 이은조

결함과 약점이 가득한 마음의 말에 귀를 기울여요 43
임상심리학자 ◆ 박혜연

한 송이 꽃에 담긴 아름다움과 기쁨을 나눕니다 63
플로리스트 ◆ 김시원

벽과 모서리를 마주하며 나의 자리를 넓혀 가요 85
도배사 ◆ 배윤슬

실험하고, 실패하고, 도전하는 과학자의 삶에 긍지를 느낍니다 105
미생물학자 ◆ 문성실

식물을 찾고, 기다리고, 기록합니다 125
식물세밀화가 ◆ 이소영

건강의 의미를 나날이 새롭게 발견해요 143
의사 ◆ 홍종원

요리와 함께 삶도 무르익어요 159
채식요리사 ◆ 재인

언어 안에서 먹고, 살고, 미워하고, 사랑합니다 179
번역가 ◆ 노지양

동물을 좋아하는 마음이 전부는 아니랍니다 197
동물트레이너 ◆ 이순영

더 많은 사람과 운동장을 누비며 자라고 싶어요 217
체육교사 ◆ 전해림

박물관과 유물 사이, 사람의 마음을 메일링해요

신지은

"저와는 안 맞을 것 같던 일이 제 등을 밀고 또 밀어
잘 맞는 일 앞으로 데려다주었답니다."

국립중앙박물관 연구원. 미술사를 전공했고 《박물관을 쓰는 직업》을 썼다. 오래된 유물들에서 손길의 흔적을 찾길 좋아한다. 깊이 사랑하는 사람들의 이야기를 오래도록 듣는 것은 더욱 좋아한다.

전하고픈 마음을 그리는 일

저는 박물관에서 〈아침 행복이 똑똑〉이라는 메일링 서비스 운영을 맡고 있습니다. 월요일과 목요일 아침 7시에 유물 사진 한 장과 아주 짧은 글이 담긴 이메일을 구독자들에게 전하는 일이에요. 그리 길지 않은 내용을 담고 있어서 아침잠이 많은 사람도, 허겁지겁 집을 나서야 하는 사람도 1분이면 다 볼 수 있죠. 더 여유가 있다면 고화질로 찍은 유물 사진이나 전시 영상을 감상할 수 있는 링크도 눌러 볼 테고요. 〈아침 행복이 똑똑〉이라는 이름이 조금 길다 보니, 박물관 사람들은 이 서비스를 '똑똑이'나 '행똑이'라고 부릅니다.

이 메일링 서비스는 처음엔 박물관 큐레이터들이 유물을 한 점씩 소개하는 것으로 시작했습니다. 지금은 박물관에서 열리는 전시와 프로그램에 참여하는 다양한 사람이 필자로 함께하고 있어요. 박물관 직원들 외에도 연재 작가, 관람객, 어린이 인터뷰이 등을 섭외하고, 함께 서비스를 담당하는 큐레이터들과 짧은 연재를 기획하거나 사진과 글을 검토하면서 원고를 만들어 갑니다.

박물관의 학예연구실은 다양한 전문 지식을 바탕으로 박물관 소장품을 조사하고 연구하며, 전시를 기획하는 곳인데요. 뉴스 레터를 비롯해 일반적인 메일링 서비스는 홍보의 영역에 속하지만, 똑똑이는 박물관 유물을 소재로 다양한 화제를 녹여 내는 콘텐츠라서 기획과 제작, 서비스를 모두 학예연구실에서 담당하고 있습니다.

250자 남짓한 짧은 글이니까, 쓰고 다듬는 일도 쉬울 거라고 생각하는 사람들도 있어요. 그러나 문장 한 줄을 놓고 한참을 그리고 몇 번을 고민할 때가 많습니다. 이 글이 독자를 만날 기회는 아마도 단 하루, 한 번일 가능성이 크니까요.

○

메일링 서비스는 이메일을 열어 본 사람들에게 전하고 싶은 하루치 마음들을 그려 보는 일이에요. 메일링 스케줄은 앞으로 2년 뒤까지 얼개를 만들어 둡니다. 생각보다 긴 시간 뒤를 미리 준비하죠? 올겨울에는 어떤 전시가 있는지, 내년 공휴일들은 무는 요일인지 등을 확인해 두면 어떤 내용을 서비스할지 아이디어를 많이 얻을 수 있어요. 설날이 일요일인 것과 목요일인 것은 하늘과 땅만큼이나 다른 일이잖아요. 주말과 공휴일이 겹치는 아쉬운 날에는 힘이 나는 주제를, 운 좋게 며칠씩 이어지는 연휴에는 편안한 휴식을 주제로 배치하고 그에 맞는 원고를 준비하는 식입니다.

빈 달력을 넘기며 아직 한참이나 먼 날짜를 들여다볼 때면, 여행을 떠나기 전부터 날씨를 가늠해 보는 것 같은 기분이 들곤 합니다. 이런 막막한 설렘을 저는 아주 좋아해요. 아무것도 정해져 있지 않은 미래에 뭔가 좋은 약속을 만들어 두는 느낌이거든요. 표지가 도톰한 새 노트를 한 권 사 놓고 처음 펼치는 순간을 좋아하는 사람들은, 아마 이 기분을 이해하실 거예요.

그런데 두근거림에도 종류가 있죠. 익숙한 긴장이라는 게 있다는 것을 저는 이 일을 하면서 알게 됐어요. 이메일을 보내는 일이 그렇습니다. 처음엔 수백 명, 수천 명이었던 구독자가 만 명을 넘기고 팬데믹을 지나면서는 엄청나게 늘어났거든요. 똑똑이 구독자 수는 올해 11만 명을 넘어섰습니다. 메일링 시스템에 집계되는 숫자를 볼 때마다 가끔 아득해지는 느낌이 듭니다. 살면서 이렇게 많은 사람에게 이메일을 보내 본 적이 없어서일까요?

Shinji
SARASA
CHECK

완성된 콘텐츠를 메일에 싣고, 날짜와 시간을 지정한 뒤 마지막으로 '발송' 버튼을 누를 때면 지금도 긴장됩니다. 당장 메일을 보내는 게 아니라 예약이라는 걸 알면서도, 그러니 문제가 일어나진 않을 거라는 걸 알면서도 만화에 나오는 '빨간 버튼'을 누르는 것처럼 조마조마해져요. 7시에 메일이 오는 월요일과 목요일에는 알람이 1분 더 빨리 울립니다. 7시 30분이 되도록 메일이 안 와서 깜짝 놀라는 악몽을 꾸다가 알람 소리에 깨어나 안도의 한숨을 쉬기도 하고요. 여러 가지로, 늘 두근거리며 일하고 있네요.

잘 맞는 일,
안 맞는 일

이 글을 읽는 여러분은 자신과 '잘 맞는 일'이 무엇이라고 생각하시나요? 저는 이 말을 들으면 빙그레 웃음이 나요. 부모님은 제가 하는 일을 두고 "어릴 적부터 책 읽고 글쓰기를 좋아하더니 잘 맞는 일을 하고 있네."라며 기쁘게 말씀하십니다. 이렇게 한 줄로 표현한 제 인생은 얼마나 순조롭고 평화로운지 저마저 깜빡 속고 싶어지기도 해요. 틀린 건 아니지만, 너무 많은 과정이 생략된 이야기입니다. '좋아하더니'와 '하고 있다' 사이의 띄어쓰기 한 칸에는 양모 펠트 인형처럼 콕콕 눌러 놓은 수많은 이야기가 들어 있거든요.

처음 박물관에 들어와서는 일제강점기에 촬영된 흑백사진 자료와 관련된 일을 했습니다. 전시 도록과 보고서 출판, 반가사유상을 비롯한 조각품 전시에도 참여했고요. 오래된 문서와 지도를 아카이빙하는 일도 잠시 했고, 한창 4차 산업혁명이 떠오르던 시기엔 박물관에서 빅데이터를 활용하는 방법을 연구하기도 했습니다. 메일링 서비스 일을 하게 된 건 3년 차가 되었을 때였습니다. 지금으로부터 66개월 전이죠. 이 글을 쓰고 있는 오늘, 박물관에서 연구원으로 일한 지 88개월이 되었습니다.

88개월 중 66개월, 그러면 나머지 22개월 동안 했던 다른 일들은 저에게 어떤 의미가 있는 걸까요? 그중에는 그럭저럭 할 만한 일도 있었고, "으아, 큰일이다!" 싶을 만큼 적성에 맞지 않는 일도 있었습니다. 전체적으로는 무척 재미있지만, 아주 힘든 부분이 있는 일도 있었고요. 하지만 중요한 건 그 모든 일을 거치며 지금의 제가 만들어졌다는 사실일 거예요. '잘 맞는 일'을 찾을 때까지 거쳐 온 시간은 그냥 흩어져 버린 것이 아니라 고스란히 과정으로 남아 있습니다.

°

미대를 졸업한 뒤 대학원에 진학해 미술사를 공부하던 동안엔 취업을 별로 걱정하지 않았어요. 정식으로 일을 해 보진 않았지만 미술관 두 곳에서 인턴십도 했으니 취업이 그리 어렵지 않을 거라고 짐작했거든요. 하지만 막상 대학원을 졸업하고 나니 일자리를 찾기가 어려웠고, 연구원을 뽑는 시험에서도 탈락했습니다. 결국 박물관의 한 프로젝트에 반년 정도 프리랜서로 참여했는데요. 거기에서 박물관이 소장하고 있는 유물 수만 점의 데이터베이스를 검토하는 일을 맡았습니다.

그 일을 하는 동안 저 자신이 부끄러울 때가 많았어요. 손으로 직접 유물을 다루거나 전시나 책, 프로그램을 기획하고 만드는 일이 '진짜' 제가 해야 할 일이라고 생각했기 때문입니다. 학교 전공과도 별 상관이 없는 데이터베이스 작업은 경력에 도움이 되지 않을 것 같아 불안했고요.

사람의 앞일이란 알 수 없죠. 그렇게 속으로 유난을 떨었건만 이듬해 박물관 연구원이 된 후에도 그와 비슷한 데이터베이스 업무를 맡았습니다. 날마다 엑셀 목록과 사진 파일을 대조하는 그 일도 '박물관 일'이고, 꼭 필요한 일라는 걸 그제야 알았습니다. 고작 반년에 불과한 프로젝트였지만, 그 경험 덕분에 유물

을 바라보는 눈이 바뀐 것을 인정할 수밖에 없었어요. 한 계단 위에서 관리자의 시점으로 살피며 세세한 분류와 전문 용어, 정보가 어떤 구조로 담기는지도 자연스럽게 익히게 되었고요. 만약 곧바로 연구원이 되어 전시나 기획 일을 했다면 훨씬 오래 걸렸을 훈련을 몇 달 만에 집중적으로 마친 셈이었죠.

이렇게 얻은 감각들이 제가 박물관에서 다양한 업무를 맡아 보는 데 징검돌이 되어 주었습니다. 빅데이터라는 생소한 분야에 자신 있게 나섰던 것도, 종류는 조금 다르지만 데이터를 다뤄 본 경험이 있어서였어요. 빅데이터 분석에 참여할 때는 날씨에 따라 관람객 수가 어떻게 변하는지, 상설 전시와 특별 전시를 한꺼번에 보는 사람들에게 가장 필요한 혜택은 무엇일지 연구했습니다. 숫자 속에 숨어 있는 마음을 추리하는 일이라니 얼마나 멋진가요. 그건 박물관과 관람객 사이의 상호작용을 읽어 내기 위해 노력하는 일이기도 했습니다. 그래서 박물관에 오는 사람들의 마음이 차츰 더 궁금해졌던 것 같아요.

이 모든 변화가 메일링 서비스 일을 맡기 전까지 22개월 동안 일어났습니다. 저와는 영 맞지 않는다고 생각했던 그 일이 제 등을 밀고 또 밀어, 잘 맞는 일 앞으로 데려다주었다는 것을 생각하면 참 아이러니하죠. 그때는 제가 앞으로 어떤 일을 하게 될지 전혀 몰랐어요.

일하는 마음을 지켜 주는 반듯한 온기

'박물관에서 일하는 사람' 하면 전시를 기획하는 큐레이터나 전시에서 작품을 설명하는 도슨트를 먼저 떠올리게 되죠. 실제 박물관에서 일하는 수백 명의 사람에겐 수십 가지의 직업이 있습니다. 잠깐 한쪽 손을 펼쳐볼까요? 오므렸던 손을 펴는 건 아주 간단한 일 같지만, 수많은 신경과 근육, 관절이 서로 보조를 맞춰서 움직임이 이뤄지죠. 그냥 '손' 같지만 그 안에서 뼛조각과 근육의 갈래들이 각자의 역할을 하는 것처럼 '박물관'도 그렇답니다. 저마다 자기만의 일을 짊어지고 나아가고 있는 것처럼 보여도 사실은 많은 사람이 함께 연결되어 있어요.

제 사무실 책상에는 커터 칼이 두 종류 있는데요. 하나는 보통 칼이고, 다른 하나는 '30도 칼'이라고 부르는 날 끝이 길고 예리한 공예용 칼입니다. 두꺼운 종이를 자르거나 섬세한 작업이 필요할 때는 이 30도 칼을 쓰는데, 그럴 때마다 떠오르는 기억이 하나 있습니다.

박물관에 들어온 첫해, 갑자기 전시실 앞에 설치할 임시 안내판이 필요해서 우드록을 잘라 만든 적이 있어요. 한 동료가 단면이 좀 깔끔하지 않은 것 같다며 30도 칼을 빌려줬습니다. 건축 역사를 전공한 분이라 건축 모형을 만들 때 쓰는 재료와 도구를 잘 아셨던 거죠. 대번에 기계로 자른 것처럼 깨끗해진 단면을 보고 감탄할 때, 이번에는 전시를 많이 담당해 본 동료가 나섰습니다. "지은 샘, 이거 칼날을 45도로 눕혀서 자르면 더 이뻐요!" 그의 말대로 우드록 옆면을 사선으로 잘라 보니, 정말 정면에서 봤을 때 훨씬 세련된 모양이 되었습니다.

이 동료들과는 더 어렵고 힘든 일도 했고, 우습고 즐거운 시간도 함께 보냈는데 이상하게도 그 시기를 돌아볼 때면 가장 먼저 이 순간이 생각나요. 새로운 곳에서 새로운 일을 할 때는 반드시 새로 배우는 것이 있다는 걸 이따금 되새기게 해 주는 장면입니다. 동료들은 각기 더 좋은 자리로 옮겨 갔지만, 똘똘한 30도 칼은 제 곁에 남아 있죠. 그리고 이 칼을 쓸 때마다 아낌없이 자기의 비법을 나눠 주고 더 잘해 보자고 수고와 응원을 서로 보태 주는 박물관의 좋은 사람들을 생각하게 됩니다. 지금 박물관에서의 제 포지션이 만들어진 건, 잘하는 것과 더 잘하고 싶어 하는 것을 알아봐 준 박물관 사람들의 격려 덕분이었습니다.

이곳에서 일하는 동안 저에게 "이런 것도 모르면서 무슨 일을 하겠다는 거야?" 하는 매몰찬 말을 하는 사람은 아무도 없었어요. 해 본 적 없는 일을 시작할 때 저를 움츠러들게 하는 엄격한 시선이나 평가는 대개 저 자신으로부터 출발한 것들이었죠.

일을 얼마나 잘할 수 있는지를 스스로 확인하고 싶어 하고, 제가 지닌 힘을 모조리 일에 쏟아붓느라 크고 작은 번아웃을 겪기도 했습니다. 어떤 일을 잘할 수 있는 사람인지 비로소 직시하게 되기까지, 동료들과 함께한 따뜻한 기억이 제가 계속 일할 수 있도록 마음을 반듯하게 지켜 주었답니다.

장래 희망의 맛

메일링 서비스를 하면서 가장 즐거운 순간이 있습니다. 박물관이 사람들에게 얼마나 다양한 의미가 있는 장소인지 알게 될 때입니다. 누군가에겐 귀중한 문화유산이 모여 있는 보물 창고 같은 곳이고, 누군가에겐 갈 곳이 마땅찮은 방학 때 온 가족이 시원하고 따뜻하게 나들이를 할 수 있는 곳이기도 합니다. 어떤 어린이에겐 그저 모처럼 구슬 아이스크림을 먹을 수 있는 곳이기도 하다지만, 저는 그건 그것대로 좋다고 생각합니다. 그런 의미가 많아질수록, 또 각자가 생각하는 의미를 마음껏 이야기하는 사람들이 많을수록 박물관은 더 재미있는 곳이 되는 것 같아요.

맛집이라는 한식당에 찾아갔을 때 온갖 청이 담긴 유리병과 장아찌 항아리가 쫙 늘어서 있으면 왠지 안도하게 됩니다. 설탕과 매실청은 서로 다른 단맛을 내고, 같은 고추라도 간장에 담근 장아찌와 된장에 담근 장아찌도 맛이 다르죠. 수고스럽지만 미세하게 다른, 다양한 맛을 내는 가게일까 기대하며 자리에 앉습니다. 벽에 붙어 있는 무엇무엇의 효능 같은 건 아무리 큰 글씨로 써 놓아도 잘 믿지 않지만요.

그런데 메일링 서비스 일을 하며 박물관 안팎의 사람들을 만나다 보니, 사람의 마음도 마치 채소나 과일의 즙이 우러난 순한 청 같다는 생각이 들었어요. 정말 다양한 사람이 그저 문화재가 좋고 박물관이 좋아서 꾸준히 이곳을 찾고 관심을 기울이고 있다는 걸 알게 되었습니다. 그 마음을 자기 삶에서 농축해 온 사람들이 만나 질문하고 귀 기울이는 찰나를 마주할 때, 그 속에 담긴 이야기들이 삼투압처럼 바깥으로 흘러나오는 순간은 정말로 마법 같아요.

앞으로 제가 하고 싶은 일 역시 그런 순하고 깊은 마음과 이야기를 정중하게 수집하고 맥락을 드러내는 작업이에요. 그것들이 모이면 미래의 박물관에 새로운 맛을 더할 비결이 될 거라고 생각합니다. 공간을 크게 늘리는 것만이 아니라 더 많은 사람과 다양하게 연결되는 것도 박물관을 넓히는 일 중 하나일 테니

아침 행복이 뚝뚝

까요. 아름다운 것들이, 의미와 가치를 가진 것들이 지금을 살아가는 사람들의 이야기를 기꺼이 끌어안을 때 이 세계도 조금 더 아름답고 부드러워질 수 있지 않을까요?

어른이 될수록, 장래 희망을 물어보는 사람은 줄어들고 다들 장래 계획만을 궁금해합니다. 하지만 30대 중반인 저에게도 희망이란 계속 유효한 질문입니다. 앞으로 어떤 사람이 되고 싶은지 여전히 고민하고 있어요. 저의 장래 희망은 자기 간을 아는 사람이 되는 것입니다. 여러 사람의 이야기에 다가가는 사람은 자기가 어떤 간을 낼 수 있는 사람인지 잘 알아야 한다고 생각해요. 설탕, 꿀, 소금, 간장과 된장, 참기름. 저는 이 중 어떤 사람일까요? 그리고 여러분은 어떠신가요?

내일은 일을 시작한 지 88개월하고 하루가 되는 날입니다. 저는 아침 6시 59분에 눈을 뜰 거예요. 그렇습니다. 내일은 똑똑이가 오는 날이거든요.

게임 데이터를 분석하며
사회적 통찰을 발견합니다

이은조

"사람과 사람의 관계 속에서 찾아내는 가치와 재미,

그게 데이터과학자로 일하며 느끼는 매력이죠."

데이터과학자. 엔씨소프트에서 근무하고 있다. 게임을 하는 것보다 게임을 하는 사람들의 데이터를 보는 게 더 재미있어서 일하다 보니 어느덧 햇수로 15년이 넘은 '고인 물'이 되었다. 쓴 책으로 《게임의 사회학》, 《데이터과학자의 일》(공저)이 있다.

데이터과학자, 불법 플레이어 조직을 잡아내다

내가 처음 사회생활을 시작했던 2000년대 초에는 '데이터과학자'라는 직업이 없었다. 물론 이와 비슷한 통계학자는 있었지만, 지금에 비하면 역할이나 사회적 관심이 크게 떨어졌다. 통계학을 전공한 사람들은 주로 갤럽♪에서 설문 문항을 설계하고 결과를 집계하거나 보험회사에서 상품 설계 업무를 담당하는 정도였다.

2010년대에 들어서면서 다양한 IT 서비스와 핸드폰 같은 스마트 기기를 통해 사람들의 일거수일투족이 기록으로 남게 되었다. 이렇게 쌓인 데이터를 활용하는 온라인 쇼핑몰이나 동영상 서비스도 생겨났다. 이런 서비스가 인기를 끌기 시작하더니, '빅데이터'라는 용어가 등장했다. "데이터는 21세기의 원유다."

♪ 여론 연구소. 대통령 선거의 결과를 예측하는 '갤럽 여론 조사'로 유명하다.

라거나 "21세기에 가장 섹시한 직업은 데이터과학자다." 같은 말도 사람들의 입에 오르내렸다. 사회가 데이터의 중요성을 인지하자 그 데이터를 다루는 데이터과학자들이 주목받게 된 것이다.

이후 통계학에 대한 인기가 높아졌을 뿐만 아니라 통계학을 전공하지 않은 사람 중에서도 이쪽 분야로 커리어를 전환하는 경우가 많아졌다. 나 역시 시작은 데이터과학자가 아니라 소프트웨어개발자였다. 다양한 소프트웨어를 개발하던 중 우연한 계기로 게임 회사에 입사했다. 마침 시대적 흐름과 함께 두 가지 인상적인 경험을 거치며 지금과 같은 데이터과학자의 길로 들어섰다.

◦

우선 첫 번째 계기는 ⟨아이온⟩이라는 게임을 접한 것이다. ⟨아이온⟩은 내가 처음 플레이한 MMORPG♪였다. RPG를 좋아했지만 패키지 게임만 즐겼던 내게 다양한 사람이 같은 게임 공간에 모여 활동하는 게임은 처음이었다. 채팅으로 농담을 주고

♪ 대규모 다중 접속 역할 수행 게임(Massively Multi-Online Role Playing Game)

받거나 누구의 캐릭터가 더 강한지 겨루기도 하고, 자신의 캐릭터를 열심히 꾸며서 다른 사람에게 외형을 뽐내는 등 사람들이 게임의 목적과 상관없이 그냥 노는 모습이 무척 신선했다.

그동안 게임에서 주어진 목표를 달성하는 데만 집중했던 내게 이들이 게임을 즐기는 모습은 색다른 충격이었다. 비록 가상 공간일지라도 여러 사람이 모이면 다채로운 사회적 활동이 이뤄진다는 것을 깨달은 계기였다. 마침 게임 플레이 기록을 저장하고 관리하는 업무를 담당하면서 자연스레 다양한 사람의 활동이 기록된 데이터에 흥미가 생겼다.

두 번째 계기는 게임 속 불법 행위를 탐지하는 업무를 맡은 것이다. 당시 온라인 게임에서는 일반 사용자 외에도 각종 불법 활동을 하는 캐릭터들이 있었다. 소위 '오토' 혹은 '작업장'이라고 부르는 이런 캐릭터들은 '매크로'라는 불법 프로그램을 이용해서 자동으로 게임을 플레이하면서 24시간 활동했다. 작업장 캐릭터가 다른 캐릭터의 플레이를 방해하는 경우가 잦아 이들을 단속하는 업무를 전담하는 팀이 따로 있을 정도였다. 불법 캐릭터들이 활개를 치다 보니 좀 더 정교한 탐지를 하고 싶었던 그 팀에서 게임 데이터를 관리하는 내게 도움을 요청한 것이다.

이 프로젝트에서 나는 당시에는 비교적 최신 기법이었던 '네트워크 분석'을 도입했다. 기존에는 각 캐릭터의 개별 활동을 분석해서 불법 활동으로 의심되는 증거를 잡는 방식을 사용했다. 반면 네트워크 분석 기법은 캐릭터들 간의 관계를 분석해서 연결 구조의 특징으로 불법 집단을 찾아냈다. 이렇게 적발한 불법 집단에서 가장 핵심이 되는 캐릭터들을 선별하는 알고리즘을 만들었다.

비유하자면 그동안 조폭 조직에서 실제 불법 행위를 담당하는 잔챙이들만 잡을 수 있었다면, 네트워크 분석 기법은 불법 행위자들 사이의 연결 관계를 추적해 먼저 조폭 조직을 찾아냈다. 그리고 조직 내 계급 구조를 파악해 핵심 우두머리를 잡아내는 식이었다. 이런 접근 방식은 적중했고 업무에서 큰 성과를 인정받을 수 있었다.

온라인 게임 속 사람들의 활동에 대한 흥미와 데이터 분석으로 얻은 성취감은 나를 데이터과학자의 길로 이끌었고 이후 십여 년 동안 다양한 프로젝트를 경험했다. 게임 사용자들의 활동을 분석해서 앞으로 게임을 그만둘 확률이 얼마나 되는지를 가늠하는 이탈 예측이나, 캐릭터끼리 언제 어떤 상황에서 전투를 벌이는지 분석해서 활동 유형을 분류하는 작업을 했다. 나아가 전투를 벌여서 캐릭터가 승리할 때와 패배할 때 각각 게임 활동이 어떻게 변화하는지를 분석하기도 했다. GDP나 코스피 지수 같은 지표를 게임에 도입해서 가상 세계 속 경제 상황을 파악했던 작업도 기억에 남는 프로젝트다.

게임 데이터 분석은 인간을 이해하는 재료

여러 프로젝트를 통해 게임 데이터를 분석해 보니 자연스럽게 가상 세계 속 온갖 군상을 관찰할 수 있었다. 어떻게 이런 생각을 했을까 하고 감탄이 나올 정도로 창의적인 플레이를 하는 사람이 있는가 하면, 현실 세계와 유사한 범죄 행위나 경제 활동을 하는 사람들도 있었다. 심지어 일종의 계급 사회를 구성하는 현상도 데이터에 남았다. 이런 시간이 켜켜이 쌓이면서 단지 가상 세계에서만 게임 데이터의 의미를 찾을 수 있는 것은 아니라는 생각이 들었다. 가상 세계를 살아가는 캐릭터의 활동은 결국 그 캐릭터를 움직이는 사람의 의도와 생각이 반영된 결과이기 때문이다.

즉, 외형과 환경은 게임일 뿐이지만 그 속에서 움직이는 캐릭터들의 데이터는 현실 세계에서 사람들의 활동을 기록한 데이터와 그리 큰 차이가 없겠다는 생각이 들었다. 예를 들어 평소 다른 사람과 함께하는 것을 즐기는 사람이라면 게임에서도 다

른 이들과 파티를 맺어 활동하는 성향을 보인다. 반대로 혼자 있는 것을 즐기는 사람은 퀘스트 위주의 개인 활동을 더 선호하는 식이다.

어떤 이들은 게임 속 가상 세계의 익명성에 기대 본인의 성격이나 욕구를 현실에서보다 솔직하게 드러내는 경우도 있다. 구글의 데이터과학자였던 세스 스티븐스 다비도위츠는 2017년 출간된 《모두 거짓말을 한다》라는 책에서 인터넷의 익명성에 숨은 사람들이 표현하는 생각과 욕망에 관해 다양한 분석 사례를 소개했다. 익명성에 기댄 솔직함은 게임 데이터에서도 드러날 수 있다. 이렇게 보면 게임 데이터 분석이 인간을 이해하는 데 무척 좋은 재료가 되겠다는 생각이 들었다. 너무 거창하다고 느끼는 사람도 있겠지만, 실제로 게임을 인문·사회학의 관점에서 연구하고 분석하는 사람들이 있다.

○

이를테면, 온라인 게임에서 캐릭터 사이에 대가를 바라지 않고 행한 선의가 이후 게임 활동에 어떤 영향을 주는지 연구한 사례가 있다. 배재대학교의 강아름 교수가 2014년에 발표한 논문에 따르면, 다른 캐릭터의 도움을 받은 캐릭터는 이후 게임 활동이 활발해지는 경향이 있었다. 호의를 베푼 캐릭터 또한 그런 경험이 없는 캐릭터들에 비해 더 능동적으로 게임을 운영했다. 게임 속 세계 또한 하나의 사회라고 생각해 보면, 다른 이와 호의를 주고받는 경험이 소속감을 높여서 사회 활동에 적극적으로 참여하게 하는 효과가 있다는 것을 데이터 분석으로 확인한 사례다.

이와는 반대로 나는 2020년에 진행했던 연구에서 한 캐릭터가 다른 캐릭터에게 폭력을 가할 경우 폭력을 당한 캐릭터의 활동이 어떻게 변화하는지 분석한 적이 있다. 이 연구에 따르면,

게임에서 일시적이고 단발적인 폭력을 경험했을 때는 그 전에 비해 캐릭터의 활동이 더 활발해졌다. 그러나 반복적이고 지속적으로 폭행이 이어지면 이탈하는 경향이 있었다. 마치 현실 세계에서 친구끼리 사소한 다툼을 하기도 하며 성장 과정에서 자연스레 사회성을 기르는 것과 달리, 소위 일진들에게 일방적이고 반복적인 폭행을 당하면 부정적인 영향을 받는 것과 비슷하겠다.

나아가 유저가 플레이하는 게임의 특성이 그의 현실 세계 성격이나 행동에 영향을 준다는 연구도 있다. 인스브루크대학교의 토비아스 그라이트마이어라는 학자가 2010년에 발표한 논문에 실린 심리학 실험이다. 그라이트마이어는 여럿이 협력해야 하는 게임과 일반적인 퍼즐 게임으로 구분해 참가자들의 그룹을 나눴다. 연구에 따르면, 게임 종료 직후 참가자들이 현실에서 어려움을 겪는 사람을 봤을 때 도움을 주는 비율은 앞의 그룹이 유의미하게 높았다.

사회학자 닉 리는 온라인 게임을 즐기는 사람들의 성별과 그들이 플레이한 캐릭터의 성별을 비교 조사했다. 2021년 그는 유저들이 본인의 성별과 다른 성별의 캐릭터를 선택하는 비율이 높았다는 결과를 발표했다. 그 밖에 다른 캐릭터와 같이 플레이할 때 자기와 다른 성별의 캐릭터에게 좀 더 협력적인 경향을 보인다는 경영학자 신레이 천의 2022년 연구도 있다.

이렇듯 게임은 현실 세계와 떨어뜨려 생각할 수 없는 밀접한 연결 고리를 포함하고 있으며 다양한 학술 연구에 활용되기도 한다. 무엇보다 게임이 흥미로운 것은 현실 세계에서는 접할 수 없는 사건을 경험할 수 있다는 점이다. 서비스가 종료되는 일종의 '종말'이라는 사건이 대표적인 예다. 그래서 서비스 종료를 앞두고 유저들의 활동이 어떻게 변화하는지 관찰하거나 데이터를 이용해 면밀하게 분석한 연구 사례들은 종종 학계의 관심을 끌곤 한다.

〈월드 오브 워크래프트〉라는 게임에서 2005년에 발생한 '오염된 피'라고 불리는 사건이 대표적이다. 우연히 버그로 인해 게임 내 모든 캐릭터가 전염병에 걸려 사망한 이 사건은 당시 큰 관심을 끌었다. 십수 년이 지난 최근, 이 사건이 다시 한번 언론에 언급되면서 많은 이를 놀라게 했다. 전염병이 퍼지는 과정에서 관측된 다양한 캐릭터의 모습이 우리가 2019년부터 경험해온 코로나19의 사회적 양상과 매우 유사했다는 점이 알려졌기 때문이다.

사건 당시에는 그저 게임에서 벌어진 흥미로운 일 정도로 치부된 바람에 제대로 연구가 이뤄지지 못했다. 만약 그때 게임 데이터를 철저하게 연구했더라면 코로나19가 발생했을 때 인류가 좀 더 침착하게 사태에 대처할 수 있지 않았을까 하는 아쉬움이 있다. 그랬다면 게임이 (그리고 게임 데이터과학자가) 인류의 재앙을 막는 데 지대한 공헌을 한 사례로 역사에 기록됐을지도 모른다.

일이란 다양한 개인이
서로의 편리함과 생존을 지켜 주는 것

이 책을 읽는 여러분이 살아가는 오늘날의 세상은 점점 더 데이터화 되어 가고 있다. 몇 시에 일어나고 어디에 살면서 주로 어디를 방문하며 무엇을 먹고 어떤 취미가 있는지, 유튜브에서 즐겨 보는 채널은 무엇이며 몇 명의 친구가 있는지, 심지어 수면 패턴이나 혈압 등의 건강 상태까지 수많은 데이터가 기록되고 있다. 그리고 이런 기록들은 모두 나 같은 데이터과학자에 의해 다양한 목적으로 분석되고 있다.

데이터과학자는 여러분이 자주 보는 유튜브나 SNS의 추천 알고리즘을 만들기도 하고, AI가 데이터를 더 잘 학습해 똑똑해질 수 있도록 다양한 실험과 연구를 한다. 쇼핑몰에는 소비자들이 선호하는 상품이 무엇인지나 할인율을 어느 정도로 하면 좋

에어컨 좀
꺼줘.
내일 알람 6시
설정해 주고.
창문도 닫아줘.
넵, 지금
시행하겠습니다.

을지 등을 정하기 위해 쇼핑 패턴을 분석하는 데이터과학자가 있다. 배달 앱 회사에는 최적의 동선을 찾거나 배달에 걸리는 시간을 예측하는 알고리즘을 만드는 데이터과학자가 있다. 혹시 여러분이 온라인 학습 서비스를 이용하고 있다면, 아마 그 서비스를 운영하는 업체에도 학습 내역을 분석해서 더 나은 교육 서비스를 제공하기 위한 방법을 연구하는 데이터과학자가 있을 것이다.

이렇게 다양한 회사에서 데이터과학자가 활동하는 것은 세상에 이들이 다룰 수 있는 데이터가 많기 때문이다. 데이터는 데이터과학자가 활동할 수 있는 무대를 제공하고 다시 이들의 활약으로 그 가치를 인정받는다. 데이터와 데이터과학자는 가치와 역할이라는 관계로 연결되어 있다.

그런데 이런 현실 세계보다 더욱더 철저하게 데이터가 남는 세상이 바로 게임 속 가상 세계다. 현실 세계에서는 프라이버시 보호 및 기술적인 한계로 기록이 남는 범위가 한정되지만, 모든 것이 디지털화되어 있는 가상 세계에는 그런 제약이 거의 없다. 때문에 캐릭터의 아주 사소한 행동까지 모두 기록될 수 있다.

이를테면, 〈리니지〉에서 '양재동칼잡이라는 캐릭터가 2023년 6월 17일 오후 1시 32분 28초에 하이넨 숲에서 오크를 처리해서 1,237만큼의 경험치를 얻고 540골드의 재화와 낡은 갑옷 1개를 획득했다.'와 같은 기록이 모두 게임 서버라고 부르는 곳에 저장되고 있다. 이렇게 세밀하고 풍부한 데이터를 제공하는 게임은 데이터과학자에게 보물 창고와 같은 존재다.

앞서 여러 사례를 들어 강조했듯이 게임에서 벌어지는 사건들은 현실 세계 못지않게 다양하고 흥미로우며 현실 세계와 밀접하게 연결되어 영향을 주고받는다. 게임 데이터 분석은 인간 사회를 면밀하게 들여다보고 분석하는 사회학자의 연구와 비슷한 면이 많다. IT 업계는 타 업계에 비해 이직률이 높고 한 회사에 근무하는 근속 기간이 짧다. 그럼에도 내가 15년 넘게 같은 회사에서 일하는 이유는 바로 이런 게임 데이터의 매력 때문이다.

◦

사람들에게 일은 어떤 의미일까? 어떤 이에게 일은 단지 돈을 벌기 위한 수단일지 모른다. 또 다른 이에게는 자아실현을 위한 수단일 수도 있다. 내 생각에 개개인이 하고 있는 다양한 일은 사회 전체적으로 보면 서로 주고받는 일종의 서비스다. 각자가 하는 일이 다른 이에게는 생활의 편리함이나 생존에 필요한 수단이 된다.

택배나 배달 일을 하는 사람이 있기에 원하는 물건을 집에서 편하게 받을 수 있다. 음식을 만들거나 농수산물을 생산하고 유통하는 사람이 없다면 지금처럼 풍족한 식생활을 누릴 수 없을 것이다. 의사가 없다면 몸이 아플 때 혼자 병과 싸우며 끙끙대야 할지 모른다. 번역가가 없다면 외국어로 된 콘텐츠를 즐기기에 어려움이 있을 것이다. 데이터과학자가 없다면 재미있는 유튜브 동영상을 즐기는 데 불편을 겪을지 모른다(대신 밤에 침대에 누워 몇 시간씩 유튜브에 빠져 있지 않을 테니 수면의 질은 향상될지 모르겠다). 이렇듯 일은 우리가 살아가는 사회를 더 풍요롭고 다양하게 만드는 중요한 역할을 한다.

게임 또한 비슷하다. 온라인 게임에서는 다양한 사람이 모여 있어야 협력해 퀘스트를 수행하거나 전투를 하며 경쟁할 수 있다. 하다못해 같은 게임을 즐기는 사람을 현실에서 만나면 그 게임에 대해 몇 시간씩 수다를 떨 수도 있다. 결국 게임에서도 현실 사회처럼 사람과 사람의 연결 관계 속에 가치와 재미가 발생한다. 이런 특징이 게임을 더 매력적으로 만든다. 그리고 게임의 매력을 가장 종합적으로 체감할 수 있는 직업이 데이터과학자가 아닐까 싶다.

브래드 피트가 제작과 주연을 맡은 〈머니볼〉이라는 영화가 있다(데이터과학자라면 반드시 봐야 하는 명작이다). 이 영화의 마지막 부분에서 주인공은 "이래서 야구를 사랑할 수밖에 없다니까!"라고 말한다. 나 역시 비슷한 얘기를 하고 싶다. 이래서 게임 데이터 분석을 사랑할 수밖에 없다니까!

결함과 약점이 가득한 마음의 말에 귀를 기울여요

박혜연

"취약성을 지닌 존재로서 살아가기,
그 길을 함께 걷는 게 임상심리학자의 역할이에요."

임상심리학자. 동덕여자대학교 교양대학에서 심리학을 가르치며 유연심리상담소×심리컨텐츠랩의 자문 교수로 사람들의 마음 건강을 돌보는 일을 하고 있다. 《맺힌 말들》을 썼고, 《너의 힘을 믿어 봐》를 번역했다.

나의 시작

저는 임상심리학자입니다. 국가가 공인한 '정신건강임상심리사 1급'과 한국심리학회가 공인한 '임상심리전문가' 자격증이 있으니, 사회 어느 영역에서건 임상심리학자로 일하는 데 공신력 있는 전문 자격을 갖추고 있는 셈입니다.

임상심리학자로서의 업을 어떻게 소개하면 좋을까 생각하다 보니, 떠오르는 이야기나 하고픈 말들이 참 많습니다. 이 직업을 참 좋아하기 때문이겠죠. 우리 사회 곳곳에서 열심히 일하는 임상심리학자가 많은데 그중 제가 대표로 이 직업을 소개하는 것이 괜찮을까 걱정이 되기도 합니다. 하지만 이 일을 정말 좋아하는 사람이 맡아야 한다면, 그게 바로 저라는 우쭐한 마음이 들기도 하네요.

영화 〈라라랜드〉를 보셨나요? 이 영화는 할리우드가 있는 미국 LA를 배경으로 배우를 꿈꾸는 미아라는 한 여성의 이야기를 담고 있습니다. 미아는 아무리 노력해도 데뷔 기회를 잡기 어려워 실패와 좌절을 거듭하고 있었습니다. 그러던 중 마지막 기회라 생각하고 참가한 오디션에서 〈The fools who dream〉이라는 노래를 부르며 이모 이야기를 합니다. 때로는 현실과 동떨어져 무모하고 바보 같아 보이기도 했지만, 언제나 낭만을 꿈꾸고 모험을 시도하던 예술가 이모. 자기 꿈의 시작은 분명히 이모였다고요.

돌이켜보면, 제게도 미아의 이모 같은 존재가 있었어요. 시를 쓰는 사촌오빠였습니다. 이십 대에 등단한 시인이었던 오빠는 저의 마음을 잘 알아주는 다정하고 사려 깊은 어른이었죠.

저는 아들을 낳기 위해 딸 셋을 낳은 집의 둘째 딸로 나고 자랐습니다. 어른들은 저를 보면 아무렇지도 않게 "네가 아들이었으면 (자식을 더 낳을 필요가 없었을 테니) 너희 집이 지금보다 여유 있었을 텐데……."라고 했어요. 저는 엄마가 힘들어하거나 돈이 부족해 보일 때마다 그 말이 떠올라서 마음이 힘들었죠.

부모님은 자주 다투셨는데, 심하게 싸운 다음 날에는 엄마가 아무래도 아빠랑 따로 살아야 할 것 같다고 말해서 우리를 울리고는 언제 그랬냐는 듯이 또 잘 지내셨어요. 저는 언니와 싸우면 언니한테 덤빈다고 혼나고 동생과 싸울 때는 동생을 잘 돌보지 못한다고 혼이 났고요. 제대로 된 육아 서적도 오은영 선생님 같은 육아 전문가도 별로 없던 시절이었어요. 학교에선 선생님이 학생들을 눈에 띄게 차별하거나 체벌해도 별문제가 되지 않았습니다.

◦

늘 이해하기 어려운 일들 앞에서 머릿속이 복잡한 어린이였던 저에게, 사촌오빠는 "어린이라는 존재의 전형이 있다면 바로 너일 거야."라는 알쏭달쏭한 말을 했어요. 막내 이모인 우리 엄마에게 혜연이가 읽을 책을 많이 사 줘야 한다고 얘기해 주기도 했죠. 어른들이 너는 커서 뭐가 되고 싶냐는 뻔하고 막연한 질문을 할 때, 오빠는 나중에 대학에 가면 어떤 학과에 가고 싶은지 구체적으로 물어봐 줬어요. 국문학과에 가고 싶다고 대답하며 기자가 되고 싶기 때문이라고 했더니, 뜬금없이 좋은 글을 쓰는 법을 얘기해 줬습니다.

"혜연아, 글을 잘 쓰려면 어떻게 해야 하는지 아니? 솔직해야 해. 좋은 글은 가장 솔직한 글이야." 그 이후로 저는 '솔직한 글이 왜 좋은 글일까?' 하는 생각을 자주 하게 되었고, 글을 쓸 때 '나는 지금 솔직한가?' 하고 자문하는 버릇이 생겼어요.

그러던 어느 날 오빠가 오랜만에 놀러 왔습니다. 오빠는 그

날따라 왠지 울적해 보이기도 하고 조금은 불안한 듯한 눈빛으로 얘기를 시작했어요. 며칠 전, 본가에서 나와서 살기 위해 집을 구하느라 지하철을 타고 어딘가로 가고 있었다는데요. 거기 타고 있던 사람들이 모두 자기를 보고 수군거리더라는 거예요. “돈도 별로 없으면서 무슨 집을 구하냐.” 하고 비웃으면서요. 그 지하철을 타고 있던 사람들이 어떻게 오빠의 사정을 알고 수군거릴 수 있었을까요. 오빠는 왜 그렇게 눈빛이 흔들리도록 불안해했던 걸까요.

나중에 알고 보니, 오빠에게 조현병이 발병한 것이었습니다. 오빠는 곧 치료를 받기 시작했고 점차 증상이 나아졌지만, 글을 잘 쓰고 사려 깊던 모습으로 돌아가지 못했어요. 더는 글을 쓰지 않았고 다른 사람처럼 변해 갔죠.

오빠는 아기 때 열병을 앓은 적이 있다는데 그래서 뇌가 취약해진 건지, 아니면 얼마 전 식사 중에 얘기를 나누다가 화가 나서 칼을 집어 들었다는 폭력적인 이모부 때문에 결국 마음에 병이 생긴 건지, 그것도 아니면 글을 너무 열심히 쓰다가 현실과 영영 멀어진 것인지 알 수가 없었어요. 다만 억울하고 안타깝고 서글프고 아까웠어요. 세상에서 처음으로 내 속마음을 헤아려 존중해 주고 관심 어린 조언을 건네준 사람을 잃게 되었으니까요.

저는 이해하고 싶었어요. 세상엔 도무지 이해하기 어려운 일 투성이인데, 이해하지 못하면 억울하고 속이 상하고 마음이 힘들었어요. 그래서 되든 안 되든 늘 이해하고 싶어서 노력했던 것 같아요. 돌이켜보면 제가 심리학을 공부한 것은 끊임없이 세상을 이해하고자 했기 때문이었습니다.

사람들은 왜 그러는지, 왜 이런 일들이 생기는지를 이해하는 데 심리학 공부만큼 적당하고 효과적인 것이 없었어요. '아, 저 사람은 그래서 그랬구나, 그 일은 이런 의미가 있구나…….' 나에 대한 이해도 심리학을 통해 가능했어요. 내가 그때 그렇게 행동한 이유, 지금 이걸 좋아하거나 싫어하는 이유 등을 다양한 측면에서 바라볼 수 있게 됐죠. 앞으로 행복하게 살려면 뭘 어떻게 해야 하는지, 나를 둘러싼 주변 사람들의 편견이나 차별이 무엇을 목적으로 지속되는지 등에 대해서도 알게 되었습니다.

심리학 그리고 임상심리학

심리학은 인간을 연구하고 그 연구 결과를 우리 삶에 직접 적용할 수 있는 학문입니다. 일상을 살면서 사람의 마음을 깊이 생각해 보거나 고민해 본 적이 없는 사람은 없을 거예요. 그래서일까요? 마음을 탐구하고 설명하는 심리학은 많은 이의 관심과 사랑을 받는 학문이죠.

심리학은 인기가 많은 만큼 오해도 많이 받습니다. 심리학이 가장 많이 받는 오해는, '심리학은 과학이 아닌 인문학'이라는 시선입니다. 심리학은 사람이 하는 생각과 행동, 느끼는 감각과 감정을 탐구하는데요. 생물학, 물리학, 화학 등 자연과학에서 쓰는 것과 같은 연구 방법을 사용합니다. 그러므로 분명히 과학의 영역에 속하는 학문이에요. 그런데 사람을 설명한다는 데서 오는 친숙함 때문인지, 아니면 사람의 마음이 좀 더 신비하길 바라는 기대 때문인지 심리학은 대중에게 과학으로 대접받지 못하는 경우가 많습니다.

○

임상심리학 역시 심리학의 한 영역으로 사람의 마음을 과학으로써 탐구하는데요. 특히 마음을 탐색하고 설명하는 데 있어서 '건강'에 초점을 맞춥니다. '임상'이라는 말이 환자와 관련해 병상에서 일어나는 일이라는 뜻을 담고 있음을 헤아려 봐도, 임상심리학이 마음의 병을 다룬다는 것을 알 수 있죠.

즉 어느 때 마음이 괴로운지, 우울증이 얼마나 심각할 때 치료가 필요한지, 마음의 문제를 치료하는 방법에는 뭐가 있는지, 트라우마를 겪은 후에는 어떤 증상이 나타날 수 있는지, 가족이 우울증이나 조현병을 앓고 있을 때는 어떻게 해야 하는지, 정신장애는 어떻게 정의하고 진단하는지와 같은 여러 질문을 생각해 내고 답을 찾는 학문이 임상심리학입니다. 그래서 임상심리학은 기초과학과 응용과학의 면모를 모두 갖추고 있어요. 사람 마음의 고통과 건강을 연구하고, 정상과 이상의 구분을 고민하며, 그렇게 고민하고 연구한 결과를 사람에게 적용하는 역할까지 하기 때문입니다.

예를 들어 우울증의 특성을 탐색해 우울증 환자의 뇌신경학적 특징을 찾고 우울증의 생각 패턴과 감각 특성을 파악하는 과정은, 자연현상을 관찰해 묘사하고 그 원리를 탐색하는 기초과학 연구와 같아요. 그리고 우울증의 특성을 찾아내 위험 요인을 파악하면 그 연구 성과는 우울증을 예방하고 치료하는 데 활용됩니다. 인지행동치료♪와 같은 우울증 치료 방법을 개발하고 환자들에게 적용해 그 효과를 검증하면, 현장에서 널리 쓰이게 되

♪ 인간의 감정, 생각(인지), 행동이 서로 밀접하게 연관되어 영향을 미친다는 것을 전제로, 생각이나 행동을 변화시켜서 우울감이나 불안을 조절하고자 하는 단기적인 심리치료 방법이다. 인지행동치료는 특히 우울증 치료에 상당히 효과가 있다고 알려져 있다.

는 것이죠. 임상심리학의 이런 면모에는 인간의 삶을 개선하는 공학처럼 응용과학의 특성이 있습니다.

임상심리학자의 역할

임상심리학자들은 정신건강 문제를 연구하고, 심리적 어려움이 있는 사람들에게 심리평가 및 심리치료를 제공합니다. 또한 전문적인 지식과 경험을 바탕으로 국가가 정신건강 관련 정책을 세울 때 의견을 내고 조언하는 역할을 해요. 임상심리학 연구는 뇌신경과학, 인지과학, 행동과학, 정신의학 등 다양한 학문과 협력해 광범위한 주제를 다루죠. 인간의 정신건강 문제가 사고(thought), 인지 기능(cognitive function), 정서(emotion), 행동(behavior), 감각(sense·sensation) 과정에서 나타나기 때문입니다.

병원, 정신보건센터, 심리상담센터 등의 업무 현장에서는 심각하지 않은 스트레스나 우울, 대인관계 문제를 다루기도 하지만 우울증, 조현병, 불안장애, 외상후스트레스장애(PTSD) 등 다양한 정신장애를 다뤄요. 임상심리학자들은 정신건강 문제를 연구하고 정신장애를 진단하거나 예방 및 치료하는 일에 기여

합니다. 이것은 정신적인 문제를 정의해 평가하고 사람들을 구분 지어 차별하기 위함이 아니에요. 고정관념을 만들거나 지속하는 데 영향을 끼치기 위함도 아니고요.

마음의 문제를 잘 이해하고 함께 살아가는 방법을 배우며 실천하는 데 있어서 임상심리학만큼 필요한 학문도 없을 거란 생각을 합니다. 임상심리학이 마음의 문제가 개인적 기질뿐 아니라 여러 외적 요인으로 인해 발생한다는 것을 알려주기 때문이죠. 정신장애를 이해하는 과정에서 우리는 누구나 약한 부분을 지닌 존재로서 트라우마를 경험할 수 있는 위험을 안고 살아간다는 것을 확인하게 됩니다. 따라서 사회 구성원이 함께 살아갈 방법을 생각하는 기회를 마련하는 것이 임상심리학자의 역할이기도 해요.

◦

직장인들의 스트레스나 번 아웃을 연구해 보면, 이런 일들이 오직 개인의 약함이나 부족함 때문에 일어나는 게 아니라는 사실을 알게 됩니다. 조직의 관리자가 어떤 사람이고 시스템이 얼마나 개인을 배려하는지, 주변 사람들이 얼마나 돕고 있는지에 따라서 정신건강 문제가 발생할 수도, 그렇지 않을 수도 있어요.

트라우마로 인한 외상후스트레스장애 연구는 사건 사고가 많은 우리 사회에서 피해자를 어떻게 이해하고 도울지에 대한 힌트를 줍니다. 자해 행동에 대한 연구는 달리 해결할 방법을 찾지 못한 채 마음의 고통을 겪고 있는 사람에 대한 이해와 공감을 시도하게 하죠. 자폐스펙트럼장애를 이해하게 되면 다채로운 존재가 함께 살아가는 방법을 고민하게 되고요.

결국 임상심리학자는 마음의 다양한 문제, 증상, 특성을 탐색하고 그 원인과 결과의 관계를 밝힘으로써 나를 이해하고 남을 이해하는 방법, 우리가 서로 어떻게 바라보고 도우면서 살아갈지를 고민하는 사람인 것 같습니다.

취약한 우리가 함께 살아가기 위해

'취약성-스트레스 모델'이라는 것이 있습니다. 사람이 타고나는 기질적 취약성에 외부 환경에서 겪는 스트레스가 더해지면 그 취약성과 관련한 질병이 생길 수 있다는 것을 설명하는 이론인데요. 정신과적 질병은 특히나 스트레스가 위험 요인인 경우가 많습니다. 여러 정신장애나 정신과적 증상 및 증후군이 삶의 현실적 어려움, 스트레스와 밀접하게 연관되어 있어요. 특히나 트라우마 경험은 우울증, 불안장애, PTSD, 알코올중독 등 정신장애의 발병률을 높이죠.

그러니 정신장애 발병률을 낮추는 데 가장 효과적인 방법은 그 무엇보다도 스트레스 사건이 일어나지 않도록 하거나 스트레스를 직접 해결해 주는 것임이 분명합니다. 전세 사기 피해가 일어나지 않도록, 음주 운전이나 데이트 폭력, 스토킹 피해가 발생하지 않도록, 가난이 마음을 병들게 하지 않도록 정책과 법 제도를 마련하는 것이 탁월한 해결 방법일 거예요. 대입 삼수생은 대학에 합격해야, 수년간 난임 시술 중인 여성은 임신에 성공해서 아이를 낳아야, 큰 빚을 진 사람은 그 빚을 갚아야 마음에 병이 생길 가능성이 적어지겠죠.

그런데 임상심리학자들은 근본적인 사회문제나 자연재해를 막아 내거나 스트레스의 원인을 직접 해결하는 사람들이 아닙니다. 2023년 여러 지역의 가정이 전세 사기 피해를 입었을 때, 한국심리학회에서는 피해자 심리 지원에 나섰어요. 임상심리전문가들과 상담심리사들이 피해자 심리상담을 도왔죠. 당시 한쪽에서는 냉소적인 목소리가 나왔습니다. 큰돈을 잃고 삶의 기반이 흔들리는 사람들에게 구제책을 마련해 주는 게 우선이지, 심리상담이 무슨 소용이냐는 이야기였습니다.

이런 목소리는 임상심리학자들이 일하는 곳곳에서 들립니다. 피해자를 위한 심리적 개입이 폭력 가해자를 없애 주지 못하고, 착취하는 고용주를 벌주지도 못합니다. 정서적 학대를 일삼는 부모를 당장 변화시킬 수도 없고요. 그러니 심리상담이라는 것이, 현실적 문제는 그대로 둔 채 피해 당사자만 덧없이 노력하는 것으로 보일 수도 있어요.

그러나 임상심리학자의 역할은 마음의 어려움을 겪고 있는 사람이 자신의 약한 부분을 인정하고 이해하며 스스로 단단해지고 세상에 유연하게 대처하는 힘을 키우는 과정을 함께하는 것입니다. 대인관계를 돌아보게 하고, 절망 속에서도 자기가 가진 고유의 힘으로 삶을 이어 나갈 수 있도록 돕습니다. 현실적 어려움을 헤쳐 나가는 그 힘든 여정에서 손을 잡아 주고 어깨를 나란히 하며 걷습니다.

우리는 모두 각자의 취약성을 안고 삽니다. 완벽한 사람은 없죠. 지금 비교적 괜찮더라도 살아가며 언제 어떤 일을 겪을지 알 수 없습니다. 그러니 서로의 취약성을 인정하고 봐주면서 살아가야 합니다. 이렇게 서로의 가장 약한 부분을 돌보고 존중하며 살아가는 데 체계적인 연구로 얻은 지식과 경험이 도움을 줄 수 있어요.

임상심리학자들은 우리가 서로의 차이와 다양성을 인정하고 수용하고자 할 때 그것이 타당하다는 근거를 제시하는 사람들입니다. 따로 또 같이 살아갈 방법을 제안하는 사람들이죠. 그렇게 함께 걸어가는 길 위에서 가장 큰 보람을 느끼고 행복해하는 사람들이랍니다. 임상심리학자에 대해 더 궁금한 점이 남은 여러분을 위해 몇 가지 질문에 답하며 글을 끝맺을게요.

○

임상심리학은 상담심리학과 어떻게 다른가요?

두 분야 모두 심리학에 속하며 사람 마음의 문제를 다룬다는 점에서 공통점이 있고, 서로 협력적인 관계입니다. 그러나 상담심리학과 임상심리학은 대상과 주제의 범위가 다릅니다. 즉 상담심리학은 마음이 힘들지만 진단이 필요할 정도로 심각하지는 않은 사람들을 대상으로, 심리상담에 집중합니다. 반면 임상심리학의 대상은 심각하지 않은 문제를 겪는 사람들부터 정신장애 진단을 받은 사람들까지 아우릅니다. 그리고 심리상담 외에도 심리검사의 개발과 실시, 진단, 증상 완화를 위한 치료적 개입 등 좀 더 다양한 주제를 다룹니다.

정신건강의학과의 진료와 임상심리전문가의 심리상담은 무엇이 다른가요?

정신건강의학과에서의 전문의 진료는 약물치료를 기반으로 합니다. 정신건강의학과에서 심리치료를 제공하기도 하지만, 의료 수가♪ 체계 내에서는 50분 이상의 시간을 할애하는 전통적인 심리상담이 이뤄지기는 어려워요. 반면 임상심리전문가는 약처방이 불가능하고 약물 치료를 할 수 없습니다. 따라서 전통적인 의미의 심리상담으로 마음의 문제에 치료적 개입을 시도하죠. 심리학자의 심리상담은 의료 수가 체계 밖에서 일어나는 일이라 의료보험 혜택을 받기 어렵다는 점도 정신건강의학과 진료와 다른 점이에요.

임상심리전문가가 되려면 어떻게 해야 하나요?

대학원 석사과정에 진학해 임상심리학을 전공해야 합니다. 대학교에서는 어떤 학문을 전공해도 상관없어요. 대학원을 졸업한 후에는 정신건강의학과가 있는 병원이나 정신보건센터, 심리상담센터 등 임상심리학회가 지정한 수련 기관에서 임상심리전문가의 지도하에 연구, 심리상담, 심리검사 등을 하며 3년 이상의 수련 과정을 거쳐야 하고요. 수련 과정 중에는 이론 교육, 실습 교육(심리평가, 심리치료), 사례 발표, 연구, 논문 발표 같은 활동을 해야 합니다. 이 수련 과정을 마치면 임상심리전문가

♪ '의료 수가'란 의료 서비스의 가격이다. 환자가 병원에서 어떤 의료 서비스를 받으면, 그 가격을 환자와 건강보험공단이 특정 비율로 나눠서 지불한다. 건강보험공단이 환자들의 의료비를 지원하는 셈이다. 각 의료 서비스에 대한 의료 수가는 병원마다 마음대로 정해서 받을 수 있는 게 아니라 '건강보험정책심의위원회'라는 기구에서 결정한다. 그런데 정신건강의학과 진료실에서 이뤄지는 심리치료의 경우 의료 수가가 시간 대비 낮게 책정되어 있다. 따라서 병원에서 환자마다 50분 이상의 심리치료를 진행하는 방식은, 현 의료 수가 체계에서는 불가능하다. 지속적으로 병원을 운영할 수 있으려면 한 환자를 50분간 만나기보다는 5명의 환자를 10분씩 만나야 하기 때문이다.

자격 시험을 보게 됩니다. 필기시험 후 면접에 합격하면 임상심리전문가가 될 수 있어요.

임상심리학자로서 마음을 돌보는 일을 하면서 속상하거나 마음을 다치는 일은 없나요? 그럴 때는 어떻게 극복하나요?

마음이 아픈 사람들이나 상처 입은 사람들을 만나다 보면 어느 날은 정말 가슴이 아프기도 하고, 그러다가 울적해지기도 하는 것이 사실입니다. 불의의 사고를 겪고 심각한 트라우마 증상에 시달리는 피해자를 계속 마주하다 보면 때로는 무기력감을 느끼기도 하죠. 그래서 임상심리학자들은 오랜 시간 전문적인 훈련을 받으며, 내담자 혹은 환자의 고통을 옆에서 견디고 버티는 힘을 키웁니다. 그리고 각자 자기에게 맞는 방법을 찾아서 일상적으로 건강함을 유지하기 위해 노력합니다. 저는 요가, 음악, 책, 친구들에게 많은 도움을 받아요. 혼자 있는 시간을 충분히 가지면서 마음에 남는 이야기로 글을 쓰거나 제가 하는 일의 의미와 가치를 되새기는 것도 도움이 됩니다.

한 송이 꽃에 담긴 아름다움과 기쁨을 나눕니다

김시원

"좋아하는 일을 한다는 즐거움이 저를 여기까지 이끌었어요."

조셉플라워 대표. 영국 공인 플로리스트.
런던, 뉴욕, 서울에서 꽃가위 하나로 살아남은 1인.

꽃과 함께 자란 소년

그냥 꽃이 좋았어요. 아주 어린 시절, 할머니 댁 화단에 앉아 채송화, 봉숭아를 망치는 아이였다는 걸 플로리스트가 되고 나서 어른들께 들었죠. "네가 플로리스트가 되려고 그때 그랬구나."라는 말씀과 함께요.

단독 주택에서의 그 작은 화단 놀이는 벌에 쏘여 한바탕 난리를 친 후에 그만두게 되었습니다. 하지만 벌에 쏘일 걱정을 안 해도 되는, 꽃집이라는 새롭고 즐거운 놀이터를 곧 찾아냈어요. 동네 골목 작은 꽃집부터 백화점의 고급스러운 매장까지 제 놀이터는 다양해졌습니다. 십 대 소년이 꽃집에서 즐길 수 있는 놀이라고 해 봐야 한 송이 혹은 작은 다발을 사며 구경하는 일이 다였는데요. 동네 꽃집을 유심히 들여다보며 '봄이 되면 프리지아가 나올 텐데, 다른 남자애들이 모르는 걸 나는 알지.' 하는 생각에 괜히 으쓱하기도 했습니다.

그렇게 구매한 꽃들은 집에 두거나 친구들, 선생님들께 선물하곤 했어요. 생일 선물로 꽃을 주면 친구들이 이런 거 말고 먹을 거 사 오라며 장난스레 질색하던 모습도 재미있는 추억입니다. 그 소년들이 이제는 누군가의 남친, 남편, 아빠가 되어 제 꽃을 은근히 기대하고 있으니 이 얼마나 즐거운 반전인가요.

그러고 보면 어릴 적부터 꽃을 만날 기회가 많았습니다. 그 시절 얼큰하게 취한 아버지들 손에 으레 통닭이 들려 있었다면 우리 아버지 손엔 꽃다발이 자주 들려 있었거든요. 물론 술 좀 그만 드시라는 엄마의 잔소리를 무마하기 위한 무기였을 테지만요. 꽃은 그저 일상에 함께 있었어요. 친구들이 문구점에 드나들 듯 꽃집은 저에게 익숙하고 편안한 장소였습니다.

◦

꽃을 공부하려고 영국에서 유학하며 느낀 점 중 하나도 바로 그 일상과의 연결이었습니다. 생활 속에 녹아 있는 꽃. 영국에 머물 때 제가 사는 집 건너편에는 저소득층을 위한 주택이 있었는데요. 우리 집 창을 열면 혼자 사시는 할아버지 댁이 보였습니다. 넉넉한 살림은 아니었을 텐데 주말 저녁이면 할아버지가 차린 식탁 위에는 항상 소박한 꽃병이 놓여 있었습니다.

짐작하기에 집 근처 마트에서 문 앞에 내놓고 저렴하게 파는 꽃이 아니었을까 싶어요. 어느 때는 스프레이 카네이션이었고, 소국이 꽂혀 있을 때도 있었고요. 화려하지 않은 모습이었지만 꽃을 즐기는 문화가 인상 깊었습니다. 없는 살림 가운데 꽃 한 송이에서 즐거움을 찾는 그의 습관을 사치라고 부를 수는 없지 않을까요? 부의 많고 적음과 상관없이 꽃을 즐길 수 있는 마음은 나를 아끼는 습관인 것 같습니다.

가끔 제가 일하는 매장으로 어린이나 청소년들이 꽃을 사러 오기도 하는데요. 그럴 때면 저는 말이 빨라지고 많아집니다. 꽃을 아는 사람이 되었으면 하는 바람이죠. '저 아저씨 이상하다.' 하고 다신 안 올지도 모르겠지만요.

꽃이 나의 열쇠란 걸 몰랐던 시절

대학생이 되어 꽃과 상관없는 전공을 공부하게 되었습니다. 꽃과 멀어지기는커녕 더 가까워졌죠. 취미로 꽃 수업을 듣기로 했거든요. 시작은 단순했어요. 누군가에게 꽃을 선물할 일이 있을 때 꽃집에서 만들어 준 꽃다발도 좋지만, 직접 매만져서 주면 더 의미 있겠다고 생각했죠. 비용도 조금은 아낄 수 있을 테고요.

정말 재미있는 취미 생활이었어요. 대체로 플라워 클래스에서는 일주일에 한 번씩 한 가지 작품을 배웠는데, 아직도 그 설렘과 기분 좋은 긴장감이 기억납니다. 문을 열고 들어설 때 강의실 가득한 향기, 나만을 위해 준비된 꽃들, 작품을 만드는 동안 그 어떤 생각도 나지 않는 마법 같은 무아지경. 오롯이 힐링 그 자체였습니다. 지금 돌이켜보면 참 어설픈 작품이었지만 선물하면 그 즐거움이 배가 되는 마법이 펼쳐지기도 했죠.

꽃은 일정 시간이 지나면 시들어 버리기에 새 꽃을 볼 수밖에 없습니다. 이번 주 수업에서 만들어 간 꽃이 시들면, 다음 주에는 전혀 다른 꽃이 기다리고 있었죠. 지루할 새가 없었어요. 길지 않은 꽃의 수명을 아쉬워하는 사람들도 있지만 저는 이 특징에서 가장 큰 매력을 느꼈습니다.

용돈을 아껴서, 혹은 과외 알바로 번 쌈짓돈은 꽃과 함께 족족 사라졌습니다. 가볍게 시작한 플라워 레슨은 고급 과정을 지나 자격증반까지 이어지며 저를 '덕후'로 만들어 줬어요. 그때는 알지 못했습니다. 그 시간이 훗날 반석이 될 거라는 것을요. 물론 꽃을 업으로 삼아야겠다는 생각은 없었습니다. '꽃집에서 일하는 사람' 하면 대개 여성을 먼저 떠올리니까요. '꽃집 총각'이나 '꽃집 아저씨'는 제게도 낯설었거든요.

그러다 대학 시절 떠난 유럽 배낭여행에서 신선한 경험을 했습니다. 여행에서도 역시나 꽃집 구경이 제일 흥미로웠는데요. 파리에서 방문한 어느 꽃집 주인이 할아버지였어요. 앞치마를 메고 꽃가위를 든 지긋한 어르신의 모습. 한국에서는 구경도 못 했던 황홀한 꽃들 사이에 있는 남자 플로리스트는 새로웠습니다. 이곳 말고도 유럽의 꽃집에서는 남자 플로리스트를 자주 만날 수 있었어요. 역시 새로운 세상은 고정관념을 허물 기회를 가져다주나 봅니다.

졸업 후 취업으로 이어지는 과정은 자연스러웠어요. 아홉 시에 출근해서 여섯 시에 퇴근하는 직장인이 되었죠. 규칙적인 생활과 월급이 주는 안정감은 편안했지만, 알 수 없는 무료함이 찾아왔습니다. 특별한 성장통 없이 무난했던 10대와 달리 생각이 무척 많은 시기였는데, 아마도 때늦은 사춘기였나 봐요. 장래, 관계, 자아……. 늘 마음 한편이 무지근했습니다.

나는 어떤 사람으로 살아갈 것이며 무엇이 될 것인지 등등 답 없는 청춘의 고민이 몇 년 동안 계속됐습니다. 꽃이 나의 열쇠라는 걸 모른 채 말이죠. '지금 생활이 나쁘진 않지만 나중에도 즐거울까? 내 마음이 풍요로울까?' 하는 고민 끝에 내린 결론은 '아니다.'였습니다. 그리고 제 손에는 여전히 꽃가위가 들려 있었죠.

영국 꽃에 반하다!

본격적으로 플로리스트라는 직업에 대해 알아보기로 했어요. 끝없는 구글링과 함께 동네 꽃집 아저씨가 되려면 어떤 준비를 해야 하는지, 먹고살 수는 있을지 등등을 꽃 수업 선생님들과 상담했습니다. 이미 꽃 길을 걷고 있는 선배님들의 조언은 대부분 "하던 거 해라."였어요. 재미있는 일이기는 하지만 보기보다 힘들고 수입 또한 적거나 일정치 않을 수도 있으니 그냥 취미로 즐기라는 조언이었습니다.

이어지는 선배님들의 말씀, "큰돈을 벌 수 있는 직업은 아니다. 하지만 열심히만 하면 먹고는 산다." 아, 그럼 오케이! 월급쟁이나 플로리스트나 부자가 되기는 글렀고, 그럼 좋아하는 일을 하는 게 훨씬 이득이라고 생각했어요. 결국 '답정너'였죠. 아마도 확인이 필요했던 것 같아요. "네가 원하는 일이니 즐겁게 시작해 보렴!"이라는. 다행인지 불행인지 무언가를 얻으려면 포기해야 하는 점도 있다는 걸 믿었습니다. 지금도 그렇고요. 삶에서 원하는 걸 다 가질 수는 없는 노릇이니까요. 물론 선택과 그에 따른 결과도 철저히 본인 몫입니다.

일단 공부를 다시 해야 했습니다. 취미로써의 꽃 디자인이 아닌 전문적인 직업 교육으로써의 공부가 필요했죠. 그러던 중 서점의 해외 서적 코너에서 만난 영국 플로리스트 제인 패커의 책은 충격적이었습니다. 대부분의 국내 화훼 서적이 난해한 작품집 위주였다면, 그의 책에는 침실, 거실, 주방 등 일상의 공간과 어울리는 디자인이 그득했어요. 삶 속에 있는 꽃, 유레카! 영국의 꽃과 만난 순간입니다.

그 후 영국 플로리스트의 책을 눈여겨보게 되었습니다. 지나치게 예술적이지 않으며 일상에서 쓰이는 꽃, 그 디자인에 자꾸 눈길이 갔습니다. 꽃 선진국으로 꼽히는 프랑스나 독일, 네덜란드, 미국 등의 책에서는 느낄 수 없는 즐거움이 있었죠. 누군가의 프로포즈에, 다정한 친구들의 저녁 테이블에, 가족의 생일 파티에 있는 그런 꽃을 제 손으로 만들고 싶었습니다.

꽃을 만지는 사람이긴 하지만 꽃이 주인공이라고 생각하지는 않습니다. 꽃이 스포트라이트를 받기보다 우리가 머무는 공간과 시간 속에 어우러질 때 의미 있다고 생각해요. 이 개똥철학은 지금까지도 제가 작품을 만드는 원칙이랍니다.

◦

제 검색창은 '영국 플라워, 영국 플라워 디자인, 영국 플로리

스트'로 도배가 되었습니다. 그러다 국내에 영국 플라워 스쿨의 커리큘럼대로 배울 수 있는 학원이 있다는 걸 알게 됐어요. 지금은 없어진 곳인데, 수업료가 영국의 본교와 크게 다르지 않았습니다. 고민이 되기 시작했죠.

'가까운 곳에서 수업을 듣고 빨리 창업을 준비할까, 아니면 현지에서 배워 볼까.' 체류비를 더하면 비용이 늘겠지만, 살인적인 런던 임대료에 비해 학교 기숙사는 상대적으로 저렴하기에 도전해 볼 만하다고 판단했습니다. 창업 비용이 증가하는 순간이었죠.

창업 비용에는 관련 직업 교육비까지 포함되어야 한다고 생각합니다. 그리고 또 한 가지, 본인이 감당할 수 있는 규모 안에서 예산을 짜야 하고요. 훗날 창업을 꿈꾸는 분이 있다면 부모님의 돈으로 혹은 누군가에게 빌려서, '벌어서 갚겠다.'라는 생각으로 시작하지 않았으면 해요. 도움을 받는 정도여야지 비용의 대부분을 가족이나 지인의 돈으로 감당해서는 안 됩니다. 창업의 규모가 크건 작건 업체를 운영하는 사람으로서의 결정권 그리고 책임감과 연결되는 문제니까요.

수업료와 체류비 등을 계산해 보니 꽃 유학에 만만치 않은 비용이 들기에 아르바이트를 시작했습니다. 그렇다고 유학에 목을 매지는 않았어요. 준비가 잘 되어서 떠날 수 있으면 좋고,

그렇지 않으면 모아 둔 돈을 창업 비용으로 쓰면 되니까요. 조급하지 않게 천천히 준비하고 싶었습니다.

당연히 영어 공부도 다시 시작했어요. 영국문화원의 영어 수업에도 참여했고요. 그렇게 점점 런던행 꿈은 현실과 가까워졌습니다. 영국에서는 학생 비자가 있으면 주당 20여 시간 정도를 일할 수 있는데, 그것 또한 매력적이었죠. 운이 좋으면 런던의 어느 꽃집에서 아니면 다른 곳에서라도 용돈 정도는 벌 수 있을 테니까요.

혹시나 꽃 유학을 꿈꾸는 누군가가 이 글을 보고 있다면 영어 공부부터 하라는 조언을 전하고 싶습니다. '나는 플라워 디자인에 빼어난 소질이 있어.' 하시는 분들도 외국 연수나 유학을 생각하신다면 꽃가위를 살포시 내려놓고 단어장을 달달 외우시기를 추천합니다. 수업부터 구직, 동료와의 교류, 고객의 주문 처리는 꽃가위가 해 주지 않습니다. 모두 입으로 하죠.

가끔 "플로리스트가 되려면 반드시 외국에서 유학해야 하나요?"라고 문의하는 분도 있는데, 제 대답은 "노."입니다. 목적의식 없이 막연한 기대 때문이라면 꽃 유학은 가성비가 너무 떨어져요. 우리나라에서 공부해도 충분합니다. 한국의 플라워 디자인은 지난 10여 년 동안 괄목할 만한 성장을 했습니다. 치열한 경쟁 덕에 해외 플로리스트 못지않은 실력자들도 생겨났고요.

시간과 여유만 있다면 국내에서도 양질의 공부를 할 수 있답니다.

눈으로, 손으로, 마음으로 꽃을 공부하며 성장한 시간

영국에서의 첫 플라워 스쿨은 런던 시내에서 30~40분 남짓 떨어진 전형적인 백인 마을에 있었어요. 저택이 많은 동네였는데 시내와는 달리 차가 없으면 움직이기 힘들었지만, 꽃들이 흐드러진 정원이 있는 아름다운 곳이었습니다. 그곳에서 말 그대로 밥만 먹고 꽃만 꽂는 '꽃 생활'이 시작되었습니다.

월요일 아침이면 학생들은 아주 길고 큰 꽃이 가득 담긴 통을 하나씩 받았습니다. 수업이 끝나면 사용한 꽃을 정리해 콜드룸에 넣어 두고, 다음 날에는 전날보다 작은 디자인을 공부하는 거죠. 이렇게 월요일에 받은 꽃을 금요일까지 관리하며 사용해야 했습니다. 처음에는 이해가 가지 않다 못해 화가 났어요. 그 비싼 수업료를 내는데 재료를 관리해 가면서 일주일 내내 써야 한다는 사실에요. 몰랐습니다, 그것이 플로리스트가 되기 위한 훈련이라는 것을요.

이 과정은 플로리스트가 되기 위한 첫 단계, '컨디셔닝'이라고 부르는 소재 관리를 배우는 시간입니다. 뭔가 만들려면 재료를 관리하고 운용할 줄 알아야 하죠. 보기 좋게 꽃을 배열하는 건 타고난 디자인 감각이 있거나 일정 정도 테크닉을 익힌 사람이라면 가능합니다. 그러나 직업인으로서의 플로리스트가 되는 건 엄연히 다른 일이었어요.

십수 년이 지난 지금도 제 가장 중요한 일과 중 하나는 소재 관리입니다. 본연의 아름다움을 간직한 채 조금 더 오래 머물 수 있도록 꽃을 다루는 법을 몸으로 익히는 동안, 땀 흘려 배운 기술은 잘 잊히지 않는다는 법칙이 제 안에 남았습니다.

플로리스트의 일이 섬세한 디자인 감각만 요구되거나 앉아서만 일하는 우아한 직업일 거라 짐작하는 분들도 있는데요. 플로리스트는 고된 육체노동을 감당하는 직업이기도 합니다. 새벽 시장에 가야 하고, 무거운 짐을 나를 일이 많고, 사다리도 타야 합니다. 꽃을 다듬다 보면 피부가 가시에 찔리고 까져 상처가 나는 일도 다반사죠. 하지만 이때가 꽃향기를 가장 짙게 맡을 수 있기에 즐거운 순간이기도 하니, 참 재미있는 반전이죠.

◦

제가 거친 교육 프로그램은 실습을 중요시해 반드시 일정

기간 업체에서 일해야 수료할 수 있었습니다. 이 과정이 학생들에게 아주 중요한데요. 현장에서의 경험, 같은 일을 하는 사람들과의 교류, 취업의 기회 등 직접적인 도움이 되는 시간이거든요. 운이 좋게도 저는 영국까지 이끌어 준 책의 저자 제인 패커가 운영하는 매장의 런던 본점에서 실습할 수 있었습니다.

꽃의 변방 한국에서 온 실습생은 곧 인턴으로, 주니어로, 플로리스트로서의 경력을 시작하게 되었습니다. 처음에는 화병을 닦거나 잎 소재를 담은 통을 정리하는 일 등이 주어졌어요. 힘들지 않았냐고요?

당연히 힘들었지만 즐거웠습니다. 저녁엔 웨이터를 하며 생활비를 보태야 할 만큼 가난했지만 조급하거나 불안하지는 않았어요. 이 시기가 지나면 시니어가 되어 매장 카운터에 서 있을 테고 3년, 5년, 10년의 세월이 흐르면 그만큼 경력자가 될 테니까요. 시간의 힘은 무엇과도 바꿀 수 없다고 생각했어요. 현장을 떠나지 말고 오랫동안 잘 버티는 것, 제가 가르치는 학생들에게 자주 강조하는 점이기도 합니다.

그렇게 외국인 노동자로 살아가던 시절 우연한 기회에 영국 유명 플로리스트들이 '서더크 칼리지(Southwark College)'라는 곳에서 공부했다는 것을 알게 되었습니다. 그 당시 런던에서 유일하게 화훼 전공 과정이 있는 학교였어요. 이곳의 프로그램은 정부에서 인정한 과정이라 졸업 후엔 졸업장과 더불어 공인된 플로리스트라는 자격증이 부여됩니다. 더 깊은 공부를 이어 가고 싶어 학교에 다시 입학했고, 곧 주경야독의 일상이 시작됐어요.

이 시기를 돌이켜 보면 낮에 나가 일하고 저녁엔 학교 가서 공부하고 집에 돌아와 쓰러져 잤던 기억이 전부입니다. 그만큼 녹록지 않은 날들이었지만 만약 첫 플라워 스쿨만 마쳤더라면 아쉬움이 남았을 거예요. 다시 한번 배움에 뛰어든 저를 조금은 깊이 있는 플로리스트로 성장하게 해 준, 힘들지만 고마운 시간이었죠. 어떤 것도 '그냥' 얻어지는 건 없습니다. 경험은 어떤 모양으로든 내 것이 되죠.

드디어
꽃집 아저씨가 되다

경력이 쌓이기 시작하면서 매니저들이 주는 디자인 시트를 그대로 표현하는걸 넘어 스스로 기획하고 만드는 작업에 도전하고 싶어졌어요. 이름 있는 업체에서 일했던 경험이 이직에 꽤 도움이 되었습니다. 얼마 후 부자와 유명인이 많이 사는 동네의 오래된 업체에서 새 직장 생활을 시작했죠.

런던에서 직장을 구할 때 저의 기준은 급여가 아니었습니다. 박봉인 건 마찬가지라 경력과 경험을 더 중요하게 생각했죠. 업체가 어떤 고객을 확보하고 있느냐가 나름의 기준이었는데, 꽃을 다양하게 소비하는 고객이 많은 곳에서 일하면 여러 가지 이벤트를 경험하게 되거든요. 지금도 영국에 가는 제자들에게 이런 고객들을 만날 수 있는 동네의 꽃집에서 실습하거나 그런 곳에 이력서를 넣으라고 조언합니다.

화려한 마케팅으로 한국에 알려진 외국의 몇몇 플라워 업체가 있긴 하지만 영국 현지에는 그들과 비교할 수 없을 만큼 긴 역사와 전통을 지닌 곳이 꽤 있습니다. 왕족이나 귀족이 고객인 150년 된 꽃집이 있기도 해요. 저 역시 변두리의 동네 꽃집에 도전했다면 취업은 쉬웠겠지만 널리 알려진 공간을 무대로 작업하거나 다채로운 행사를 경험하는 기회는 적었을지 몰라요. 고객과 콘셉트를 조율하고 그들이 원하는 조건을 충족하며 훌륭한 결과를 이끌어 내는 작업은 어렵지만, 그만큼 영감을 줍니다. 이때의 경험이 지금도 제 일의 밑거름이 되고 있답니다.

생각보다 길어진 영국에서의 생활이 즐겁기만 한 건 아니었어요. 언어적 답답함, 외국인 노동자로서 겪는 억울함, 문화의 이질감, 경제적 어려움, 철저하게 혼자여야 하는 생활은 해외 체류의 장애물이었습니다. 이곳에 남아 있을지, 내 나라로 돌아갈지 결정해야 하는 시기가 찾아왔죠.

계획보다 길어진 런던 생활을 정리하고 뉴욕에서 열리는 플라워 클래스를 들은 뒤 한국으로 돌아가기로 했습니다. 저에게 주는 일종의 휴가였는데 그 계획은 또다시 예상과 달리 길어졌어요. 클래스에서 웨딩 플라워를 담당하는 친구를 만났는데, 영국에서의 경력을 듣고는 일을 도와달라고 하더군요.

나중에 알게 된 사실이지만 미국 플로리스트 업계에서는 영국을 동경하더라고요. 아무래도 그들의 문화가 영국에서 비롯되어 그런가 봐요. 덕분에 잠시 뉴욕에 머물며 플로리스트로 일하는 경험도 할 수 있었습니다. 영국의 섬세함과 달리 뉴욕의 꽃 문화는 화려하고 웅장했어요. 수요와 규모의 남다름에 이런 곳에서 창업하면 장점이 많겠다는 생각을 얼핏 하기도 했습니다.

°

긴 외유 끝에 한국에 돌아오니 저는 어정쩡한 경력자가 되어 있더군요. 이쁜 꽃집을 여는 게 꿈이라 꽃집에 취업하고 싶었는데 누구도 저를 채용하려 하지 않았어요. 그도 그럴 것이 나이도 적지 않고 외국에서 쌓은 다양한 경력은 동네 꽃집 사장님들이 보기에 부담스러웠을 테죠. 창업하라는 주변의 조언도 있었지만, 먼저 귀국해 가게를 낸 친구들의 잦은 폐업을 보며 일단 한국에서 경력을 쌓고 시작하면 좋겠다고 생각했어요. 다시 준비가 필요했습니다.

해외에서의 경력은 호텔의 꽃 작업이 많았기에 호텔 취업은 배제하고 싶었는데, 당시 제 이력서에 관심을 보인 곳은 호텔뿐이었습니다. 그렇게 한국에서의 플로리스트 경력은 호텔 꽃 실장으로 시작했어요. 최선이 아닌 차선의 취업이었지만, 창업 전에 충분히 워밍 업 시간을 보낸 건 결과적으로 잘한 일이었습니다. 업계의 다양한 인맥과 거래처들을 알게 되었고, 제 디자인을 좋아하는 고객들도 생겨났죠.

그래서인지 이름을 걸고 꽃집을 냈을 때 막연하거나 두렵진 않았어요. 가게를 열기까지 시간이 오래 걸렸지만 그렇지 않았다면 자신감보다는 불안한 마음이 컸을 거예요. 창업은 그동안 준비한 예산 내에서 시작했어요. '영끌'로 자본을 털어 드넓은 매장과 화려한 인테리어를 갖추고 싶진 않았습니다. 그럴 여윳돈은 비수기의 임대료 등 비상금으로 남겨 두기로 했죠.

화려하진 않지만 제 분위기를 잘 담아낸, 10평도 채 안 되는 서초동 뒷골목의 작은 공간에서 시작한 가게는 올해 10주년을 맞이했습니다. 그동안 두 번의 이전을 했고 클래스의 수강생도 늘어 수업 공간을 따로 분리했어요. 가끔 취·창업과 관련한 상

JOSEPH FLOWER

담을 하기도 하는데요. "제 지인은 3개월 국비 지원 과정에서 배우고 꽃집을 창업했는데, 6개월이면 충분할까요?" 하고 문의하는 경우도 있습니다. 이런 질문을 받으면 도리어 묻고 싶어지기도 해요. 6개월 만에 새로운 직업을 가질 수 있겠느냐고요.

손을 쓰는 직업을 떠올리면 그 직업인들이 거쳤을 치열한 통과의례의 시간을 짐작하게 됩니다. 창업하기까지 저는 10여 년의 시간이 걸렸는데요. 학생 시절 꽃을 배우던 시기까지 합치면 그 이상의 시간을 쓴 셈이죠. 시간과 경험에 투자해야 그것이 나의 잠재력과 경력이 됩니다.

디자인을 하는 직업이긴 하지만 제가 특별히 창의적이거나 재능이 많은 사람인 것 같지는 않아요. 그저 꽃이 좋아서, 좋아하는 일을 한다는 즐거움이 저를 여기까지 이끌었습니다. 누구나 원하는 일만 하고 살 수는 없다는 것, 알고 있습니다. 그러나 선택과 그에 따른 결과에 책임질 수 있는 용기가 있다면 여러분의 발걸음을 응원할게요. 이번 달 임대료를 부지런히 벌어야 하는 자영업자이지만 꽃가위를 들고 있는 저는 오늘도 꽤나 행복합니다.

벽과 모서리를 마주하며 나의 자리를 넓혀 가요

배윤슬

"가 보지 않은 길, 경험하지 않은 시간은
온몸으로 겪어 봐야만 알 수 있어요."

도배사. 여전히 진로를, 미래를, 삶을 끊임없이 고민하면서도 매일매일 다시
벽 앞에 서서 손과 발을 움직여 벽지를 붙이며 성장하는 중이다.

벽과 벽이 만나
모서리가 되다

'벽'이라는 단어를 들으면 우리는 보통 앞을 가로막는 한계나 뛰어넘어야 할 장애물을 떠올린다. 그러나 집이 지어지는 과정을 살펴보면 벽은 공간과 공간을 구분하고 외부로부터 나만의 공간을 아늑하게 차단해 주는 역할을 한다.

집에 따라 다양한 재료와 시공 방법으로 벽을 세우는데, 그렇게 세워진 벽과 벽은 늘 만나게 되어 있다. 벽끼리 만나지 않으면 공간이 구분되지도 외부와 차단되지도 않으니, 집이 완성되지 않는다. 그렇기에 벽과 벽은 반드시 만나 하나의 모서리를 이뤄야만 한다.

살아가며 하는 모든 경험은 우리가 세워 가는 벽이 되고 삶의 형태가 된다. 또 여러 영역을 구분 짓기도 하고 나만의 영역을 견고하게 해 주기도 한다. 그런 인생의 벽들이 만나 끊임없이 새로운 모서리를 만들어 낸다.

나는 학창 시절 오로지 공부에만 집중할 수 있는 환경에 놓여 있었다. 그렇게 공부하고 경험하며 배운 것들을 그 기회조차 얻지 못한 사람들을 위해 사용하고 싶었다. 대학을 졸업하고 취업을 준비하면서는 앞으로 매일 하게 될 일에서 월급 이외의 의미를 찾고 싶었다. 내 일이 다른 사람에게도 도움이 되면 좋겠다는 생각에 사회복지사가 되었다.

노인복지관에 취업해 어르신들에게 필요한 도움을 드리는 일은 즐겁고 보람 있었다. 어르신들과 관계를 맺고 사랑받고 사회에 필요한 일을 한다는 데서 큰 기쁨을 느꼈다. 하지만 사회복지는 한정된 자원을 효과적으로 나눠야만 하는 일이다. 복지 서비스를 받을 어르신과 그렇지 않은 어르신을 선별하는 업무도 내 손으로 해야 했다.

그 과정에서 상처받는 어르신들을 마주하면서 내가 하는 일이 누군가에게는 부정적인 영향을 미칠 수도 있겠다는 생각에 이르렀다. 그러다 보니 다른 이의 삶에 깊이 개입하는 것에 두려움이 자라났다. 사회복지사라면 사람들에게 도움이 되고 긍정적인 영향만 줄 거라고 여겼던 내 생각이 틀렸다는 것을 깨달았다. 나는 타인의 삶에 관여하지 않아도 되는 일을 찾기 시작했다.

○

깊은 고민과 함께 여러 직업을 탐색하고 조사하는 시간이 이어졌다. 그 결과 '종일 벽을 바라보며 말없이 벽지를 붙이는 일, 도배라면 괜찮지 않을까?' 하는 생각에 이르렀다. 도배사가 되기로 마음먹었다. 하지만 고민은 계속되었다. '몸을 한 번도 써 본 적 없는 내가 온종일 몸 쓰는 일을 할 수 있을까? 전혀 경험해 보지 않은 낯선 환경에서 버텨 낼 수 있을까? 경쟁에서 살아남을 수 있을까?'

온갖 걱정 끝에 내린 결론은 단 하나였다. 아무리 고민하고 검색하고 다른 사람들의 이야기를 들어 봐도 오지 않은 시간은 새로울 수밖에 없다는 것. 가지 않은 길, 겪어 보지 않은 시간은 예측할 수 없고, 다른 누군가의 경험과 똑같이 흘러가지도 않을 것이다. 결국 한 걸음 한 걸음 걸어 보고 온몸으로 겪어 봐야만 알 수 있다고 생각하며 용기를 냈다. 결과를 미리 알 수 있다면 두려울 것이 없겠지만, 새롭기에 두렵고 이 두려운 마음은 당연하다고 스스로를 다독이며 일단 시작해 보기로 했다. 주위에서 아무도 가지 않은 길, 과연 이게 정답인지 알 수 없는 새로운 길로 들어섰다.

직업과 미래에 대한 고민에 격하게 공감하며 응원해 주는

사람도 있었고, 좋은 학교를 나와 왜 아깝게 몸 쓰는 일을 하냐며 우려와 걱정의 눈길을 보내는 사람도 많았다. 하지만 내 인생이기에 다른 이들의 말에 하나하나 귀 기울이며 망설일 시간이 없었다. 해 보지 않으면 알 수 없으니 하루라도 빨리 경험하고 내 길이 맞는지 판단해야 했다. 그렇게 무작정 뛰어들었다. 다른 누군가에게 도움이 되고 싶었던 학창 시절의 고민과 사회복지사로서의 경험이 내 인생의 벽이 되어 구역을 나누고 틀을 잡아가며 새로운 모서리, 도배를 만나게 했다.

하지만 도배라는 낯선 일을 도대체 어디서부터 어떻게 시작해야 할지 고민이었다. 이미 도배를 하고 있는 부모님이나 지인이 있다면 그 밑에서 일을 배우는 것이 가장 손쉬운 방법이지만 나에게는 해당하지 않았다. 인터넷 등에서 찾을 수 있는 구인 글을 보고 연락해 도배팀에 들어가는 방법도 있었다. 따로 시간과 비용을 들이지 않고 곧바로 현장에 투입되어 일을 배울 수는 있지만, 팀의 구성원과 분위기가 어떤지 또 일을 잘 가르쳐 주는 곳인지 전혀 알 수 없어서 막연했다. 겁이 많은 내게는 무척 두려운 일이었다.

그래서 학원에 다니기로 했다. 공부만 해 오던 내게 가장 익숙한 방법이었다. 시간과 비용이 들더라도 기본 기술을 차근차근 배운 뒤 학원에서 연결해 주는 팀에 들어가는 방식이 조바심

많은 내게 더 잘 맞는다고 생각했다. 시작 단계에서부터 잘 맞는 방법을 선택해야 지속할 수 있을 거라고 믿었다. 한 달 동안 도배 학원에 다녔고 학원의 소개로 현장에서 일하기 시작했다. 도배를 하기 위한 필수 요건은 아니었지만, 언젠가는 필요할지 몰라 한국산업인력공단의 도배기능사 자격증도 취득했다.

나의 직업은
시간에 집을 짓는 일

도배사들은 벽지를 붙이기 전 어디에서부터 어떤 방향으로 붙여 나갈지 그 순서를 먼저 고민한다. 그리고 대부분 벽의 가장 끝 부분인 모서리에서부터 벽지를 붙이기 시작한다. 벽지를 붙일 때 기준이 되는 선이 바로 모서리다. 모서리가 똑바를수록, 그 선에 잘 맞춰 벽지를 붙일수록 그다음 폭을 붙이기가 쉽다. 여러 경험과 생각, 도전과 용기를 통해 도배라는 일을 만났고 도배사로서의 삶이 시작되었다. 내 삶도 새로운 모서리에서부터 다시 시작된 것이다. 나는 과연 벽지 첫 폭을 잘 붙인 걸까.

울타리 너머에만 존재하던 건설 현장이라는 낯선 일터가 나의 주된 생활 반경이 되었다. 책상에 앉아 공부하고 사무실에서 컴퓨터만 바라보며 일하던 내가 종일 몸을 쓰며 기술을 익혀 갔다. 사수가 기술을 잘 가르쳐 주지 않을 때, 일당이 오르지 않을 때, 부끄러운 실수를 하고 지적받을 때, 너무 추운 날씨에 손이 꽁꽁 얼도록 일할 때……. 힘든 순간은 쉴 새 없이 찾아왔다.

그 많은 어려움 중에서도 가장 힘들고 포기하고 싶었던 순간은 내 선택에 의심이 들 때였다. '도배를 하기로 마음먹었던 선택이 틀린 것은 아닐까?' 의심이 샘솟기 시작하면 평정심을 찾기가 어려웠다. 기술자라는 목표는 너무 까마득했다. 어려운 시간을 버텨 내기 위해 멀고 거창한 목표가 아니라 눈앞의 작은 목표를 세워 하나씩 달성해 나가기로 했다. '딱 일주일만 해 보자, 한 달만 해 보자, 일당이 오를 때 까지만 버텨 보자.' 목표를 하나하나 달성해 가며 어느덧 5년 차 도배사가 되었다.

○

그사이 어엿한 '기술자'가 되었고, 속했던 팀에서 독립해 아파트 한 동을 책임지는 '도배 반장'이 되었다. 까마득해 보였던 목표를 달성하고 나니 성취감은 잠시였고 또 다른 고민이 찾아왔다. 일당을 받을 때는 그저 일당이 언제 오를지, 언제 기술자가 될지를 생각하며 앞만 보고 나아갈 수 있었는데, 독립해 내

일을 하니 어떻게 기준을 세우고 무엇을 목표로 일해야 할지 하나부터 열까지 스스로 선택해야 했다. 돈, 성장, 성공, 평판, 기술. 처음부터 다시 나만의 원칙을 세워야 하는 어려움에 놓였다. 여러 도배사 선배의 이야기를 들어봤지만 원칙과 목표는 각자 달랐다. 결국 선택은 내 몫이었다.

뚜렷한 원칙을 세우고 목표를 고민할 시간도 없이 눈앞에 닥친 일에만 열중하다 보니 어느 순간 내 삶이 없어졌다는 것을 깨달았다. 주 6일, 아침부터 저녁까지 종일 도배에만 몰두하면서 일에서 받는 스트레스를 해소하는 방법을 잃어버렸고 일상은 한없이 단순해졌다. 기술적으로는 계속해서 성장하고 수입도 늘어났지만 삶의 성숙이나 확장은 멈춰 버렸다. 직업은 행복한 삶을 위한 수단이 되어야 하는데 어느새 직업 그 자체가 목표가 되어 버렸다.

그렇게 바라던 기술자와 독립이라는 목표에 도달했지만 요즘 오히려 길을 잃은 기분이다. 삶에 대해 다시 살펴봐야 할 때가 된 것 같다. 문득 '청년의 시기에는 공간에 집을 짓는 것보다 시간에 자기 집을 짓는 것이 더 중요하다.'라는 이야기가 떠오른다. 눈에 보이는 당장의 소유나 물질적인 가치보다는 현재의 삶에 충실하라는 의미였던 듯하다.

나의 직업은 공간에 집을 완성해 가는 일이지만 매 순간의

과정은 시간에 집을 짓는 일이기도 하다. 그러니 잠시 숨을 고르고 조금은 더 천천히 살아가면서 삶의 집에 관심을 가져야 하지 않을까. 무엇을 기준 삼아 어떤 원칙으로 나아가야 할까, 내 시간 위에 어떤 모양의 집을 지어야 할까. 새로운 숙제다.

새로운 연결 고리를 발견하다

도배를 시작한 후 많은 변화가 생겼다. 초보자 시절의 어려움과 서러움, 버티며 성장하는 과정, 건설 현장이라는 일터의 모습과 그 안에서 느끼는 것을 SNS에 남기기 시작했다. 신기하고 새로웠던 나의 경험을 흥미롭게 여길 사람들이 있을 거라 생각했다. 또 누군가에게는 도움이 되지 않을까 하는 마음도 있었다. 꾸준히 글과 사진으로 기록하다 보니 책 《청년 도배사 이야기》(궁리, 2021)를 출간하게 되었다. 이후 매체와의 인터뷰, TV 출연, 진로 강연 등 여러 활동 기회가 이어졌다. 건설 현장이라는 한정된 테두리에 갇혀 있던 내가 서로 다른 환경에서 일하는 다양한 사람을 만나게 되었다. 더 넓은 세상과 연결되기 시작했다.

사람들이 흔히 가지 않는 길을 선택한 마음, 두려움을 넘어 새로운 일에 도전한 용기와 결단, 일하며 마주한 어려움과 그것을 이겨 낸 방법, 새로운 일을 하며 겪은 다채로운 경험을 공유했다. 내 이야기를 전하고 또 많은 사람의 이야기를 들었다. 어떤 직업을 가져야 할지 고민하는 학생들은 물론이고, 현재 안정적인 직업을 가지고 있더라도 또 다른 직업이나 삶의 방향에 대해 고심하는 사람이 많다는 것도 알게 되었다.

특히 건설 현장이라는 거친 일터에서 젊은 여성으로서 겪는 어려움에 대해 궁금해하는 사람들이 많았다. 현장에는 내가 처음부터 예상했던 어려움과 생각하지 못했던 어려움이 모두 존재했다. 기술을 배울 때 남성 동료와의 차별이 있었는데, “여자가 무슨 벽지를 붙여, 풀칠이나 하면 되지.” “어디 여자가 발판에 올라가.” 하면서 여성이라는 이유만으로 벽지를 만지고 붙여 볼 수 있는 기회 자체가 적었다. 또 여성들만 선배 도배사들을 위한 커피를 타야 했고 때로는 몹시 모욕적이고 불쾌한 성적 농담을 듣기도 했다.

‘내가 남자였다면 조금은 더 쉽게 기술을 배울 수 있었을까?’ 하는 생각에 억울할 때도 있었다. 기술을 배우는 처지에서는 어떠한 것도 바꾸기 쉽지 않았다. 하지만 남성에게 힘쓰는 일, 여성에게 커피 타는 일을 시키면 나는 힘도 쓰고 커피도 타면서 여성과 남성의 역할 경계를 허물려고 노력했다. 때로는 선배들이 없을 때 몰래 벽지를 붙여 보며 주어지지 않는 기회를 어떻게든 만들어 내기 위해 최선을 다했다. 내가 기술자가 되어 후배들을 가르치게 된다면 결코 성별에 따라 차별하지 않겠다는 마음으로 그 시간을 견뎌 냈다.

한번 취업하면 그게 평생직장이 되고 경력을 쌓으면서 버티면 집도 마련하고 결혼과 출산, 육아를 안정적으로 할 수 있는 세상은 더 이상 없다. 직장에 다녀도 기술을 배워도 뚜렷한 미래가 보이지 않는다. 주변을 둘러보면 성실하게 열심히 사는 청년들이 많은데 우리 삶은 나아지지 않고, 대부분의 청년이 안정적인 미래를 그릴 수 없는 것이 현실이다. 미래 전망이 불투명하니 현재의 삶도 당연히 불안해질 수밖에 없다. 이런 불안감은 혼자서 해결할 수 없기에 함께 이야기 나누고 방법을 찾아야 한다. 나는 책과 강의, SNS를 통해 세상과 연결되어 고민을 나누고 있다.

타인의 삶에 영향을 미치고 싶지 않아 시작한 도배라는 일이 다시 사람들과의 연결 고리를 만들어 냈다. 관계를 맺지 않고는 살아갈 수 없다는 것을 다시금 깨달으면서, 그렇다면 조금이라도 더 긍정적인 영향을 전하기 위해 노력해야겠다고 마음먹었다. 지금의 자리에 가만히 머무르는 것이 아니라 앞으로 나아가는 데 최선을 다하며 많은 것을 공유하려 한다. 때로는 도움을

3

받고, 또 가진 것들을 나누기도 하면서 말이다.

그렇게 한다면 내가 누린 기회를 다른 사람들을 위해 사용하고 싶었던 학창 시절의 꿈, 내 일이 타인에게 도움이 되면 좋겠다고 생각했던 그 마음이 꼭 사회복지사라는 직업이 아니어도 실현될 수 있겠다는 생각이 들었다. 직업은 바뀌었지만 나의 꿈은 변하지 않았다.

진흙 위에
돌멩이 하나 놓는 마음

살아가다 보면 아무런 대가를 바라지 않고 많은 것을 내어 주는 어른들을 만날 때가 있다. 선배 도배사 중에도 그렇게 자신의 것을 기꺼이 내어 주는 사람들이 있다. 도배사의 일당은 한정된 시간 안에 해내는 작업 실적과 직결되기 때문에 시간이 곧 돈이다. 하지만 그런 시간을 쪼개고 수입을 포기해 가면서까지 후배들에게 기술과 노하우를 알려주는 선배들이 있다. 그 후배가 자신에게 이익이 되어서도 아니고 다른 목적이 있어서도 아니다. 그저 열심히 하는 후배가 기특하고 그런 후배들에게는 기꺼이 알려주고 싶은 마음이 든다고 한다.

어른이 가져야 하는 마음가짐은 바로 그런 것이 아닐까. 아주 대단하고 큰 사람이 되어서 막대한 영향력을 끼치지 않더라도 나의 위치에서 가진 것을 다음 사람에게 나누는 삶. 그것을 경험하고 배운 사람이 또 다른 사람에게 베푸는 사회.

현장은 지금 젊어지고 있다. 도배를 처음 시작했던 5년 전만 해도 또래를 만나기 어려웠는데 요즘은 젊은 도배사가 확연히 늘고 있다. 현장에서 또래 도배사들을 만나면 괜히 반가운 마음에 먼저 다가가 인사를 하고 이런저런 말을 붙여 보지만, 서로 친해지는 것보다는 자기 일에만 관심이 있어 보이는 도배사들이 많다. 피해를 끼치지만 않으면 상관없다는 태도로 도움을 주지도 또 받지도 않는 분위기다.

물론 일터에서는 각자의 기술로 맡은 일을 잘 해내는 게 중요하다. 그러나 먼저 작업을 해 본 사람이 경험이나 노하우를 알려주고 서로 진행 상황을 공유하다 보면 자극과 격려가 된다. 윗세대 선배들이 현장에서 처음 만난 사이라 해도 금세 가까워지면서 거리낌 없이 정보를 주고받는 모습이 좋아 보여 때로는 부럽기도 하다. 어떻게 하면 우리 젊은 도배사들도 서로서로 그리고 후배들에게 도움을 주는 분위기를 만들 수 있을까. 당장 나부터 어떤 노력을 해야 하는 것일까.

◦

신축 아파트 건설 현장에 가면 처음에는 길도 없고 땅이 전부 파헤쳐져 있다. 그런 곳에 비라도 내리면 온통 진흙밭이 되어버리는데, 높이 쌓인 흙에 비가 내려 진흙이 되면 발이 푹푹 빠져 걷기가 힘들 정도다. 발을 잘못 디디면 쭉 미끄러져 위험하기도 하다. 그런데 가끔 누군가가 징검다리처럼 밟고 갈 수 있도록 작은 종이 상자나 돌멩이를 놓아둘 때가 있다. 아주 작은 상자 조각이더라도 그걸 밟으면 발이 빠지지 않는다. 주변에 널리고 널린 상자 하나 가져다 놓는 것이 어려운 일은 아니지만, 그 쉬운 일을 하는 사람은 많지 않다.

부끄럽지만 나 역시 지금까지 돌멩이 하나, 상자 조각 하나 놓아 본 적이 없다. 대부분의 사람처럼 늘 시간에 쫓겨 걸음을 바삐 옮겼을 뿐이다. 하지만 누군가 잠깐의 귀찮음을 무릅쓰고 한 행동이 많은 사람에게 도움이 되는 것을 보면서 내가 세상을 위해 큰일을 하진 못하더라도 상자 조각 하나, 돌멩이 하나를 놓는 정도의 역할은 할 수 있지 않을까 생각했다.

지금 내가 있는 자리에서 무엇을 할 수 있을까. 여전히 사라지지 않는 성차별, 건설 현장에 존재하는 사고 위험, 기술 전수 과정에서 인격 모독에 가깝게 험한 말을 들어도 대응하기 어려운 현실, 불안정한 고용 상황. 이런 불합리함이 후배들에게 되풀이되지 않도록 조금 더 힘을 쏟고 싶다. 도배사를 포함해 건설 현장 노동자들은 대부분 하나의 큰 조직이 아니라 파편화된 작은 조직에 속해 있어서 이런 일들로부터 보호받기 어렵다.

나부터, 내가 속한 팀부터 시작해 후배들이 조금은 나은 환경에서 배우고 일할 수 있도록 하고 싶다. 노동에 대한 정당한 보상, 휴가나 병가 등의 쉴 권리, 존중받으며 기술을 배울 수 있는 환경 등이 갖춰진다면 아마 현장의 문화도 조금씩은 변화하지 않을까 하는 마음이다. 또한 앞으로 내가 가진 도배 기술을 돈을 벌기 위해서만이 아니라 도움이 필요한 곳에 사용할 수 있으면 좋겠다. 여러 사람을 만나 진로와 직업에 대해 이야기 나누는 일도 계속해 나가고 싶다.

주변을 둘러보면 내가 할 수 있는 작은 역할들은 참 많다. 진흙 위에 돌을 놓는 것이 의무도 아니고, 그것을 놓지 않는다고 다른 누군가에게 피해를 주는 것도 아니다. 그러나 작은 행동 하나로 여러 사람이 편리해진다. 나의 일과 연결된 크고 작은 순간을 통해 사회가 아주 조금씩이라도 변할 수 있다면, 나는 그런 삶을 살고 싶다.

실험하고, 실패하고, 도전하는 과학자의 삶에 긍지를 느낍니다

문성실

"롤 모델보다 레퍼런스이길 꿈꾸며

연구실의 불을 밝혀요."

미생물학자. 감염면역학을 전공해 현재는 미국에서 백신을 연구하고 있다. 온라인으로 학생들을 가르치고 과학과 다양성에 대한 글을 쓴다. 《사이언스 고즈 온》《호모사이언스: 과학 하는 여자들 2》(공저)를 썼다.

꿈꾸는 자는 걷는다

하얀 안개가 뿌옇게 내려앉은 캠퍼스를 걸었다. 무거운 숄더백을 어깨에 메고 두꺼운 원서 두세 권을 들고 있었다. 강의 시간이 한참 남은 새벽녘 텅 빈 캠퍼스를 관통해 도서관으로 향하는 그 길이 좋았다. 중앙 도서관 2층 2열람실 구석엔 늘 내가 앉는 자리가 있었다. 자판기 커피를 한 잔 뽑아 옆에 놓고 다이어리를 펴서 그날의 일과를 정리하며 조용히 앉아 있던 그 도서관은 처음으로 '현실적인 꿈'을 꾸던 곳이었다.

처음부터 그곳이 내 꿈의 장소는 아니었다. 고등학생 때 우연히 도서관에서 봤던 소아치과에 대한 책이 꿈의 출발점이었다. 책 속 병원은 딱딱한 의자가 반듯이 놓여 있고 우는 아이들을 달래는 소란스러움으로 꽉 찬, 익숙하게 봐 온 소아과의 모습과 달랐다. 아이들이 좋아하는 만화영화 캐릭터로 벽과 천장이 덮여 있고, 대기실에는 놀이터가 있고, 밝고 따뜻한 노란색 가운을 입고 있던 소아치과 의사의 잔상이 깊이 남았다.

그 꿈은 이뤄지지 않았다. 처음 꿨던 꿈보다 더 관심이 가는 일이 생겼다. 음악이 좋아 주변의 노래하는 친구들과 어울리며 중창단을 꾸려 여기저기 크고 작은 무대에서 노래를 선보이기도 했다. 하지만 노래를 업으로 삼을 만큼의 재능과 열정은 없었다. 이것저것 바뀌던 관심사처럼 나는 꿈만 무궁무진한 고등학생이었다.

막연한 꿈은 결코 손에 잡히지 않는다는 것을 대학에 입학하고 깨달았다. 도서관에서 자격증 책을 쌓아 놓고 공부하는 이들, 임용 고사를 준비하는 이들, 토익을 공부하는 이들을 보면서 '가능성 있는 미래'를 꿈꾸게 되었다.

가능성 있는 미래는 눈앞에 보이는 누군가 있을 때 그릴 수 있다. 자연과학부에서 미생물학 전공을 선택한 내 앞에는 저만치 앞서 걷고 계신 교수님들이 계셨다. 직사각형 건물의 5층 복도에는 박테리아를 키우는 배지♪의 구수한 냄새가 났고, 실험실에 채 넣지 못해 내놓은 냉동고와 실험 기기가 가득했다.

대학원생 선배들이 상주하던 교수님 연구실은 언제나 열려 있었다. 교수님은 미생물 실험의 가장 기초부터 꼼꼼히 가르쳐

♪ 식물이나 세균, 배양 세포 따위를 기르는 데 필요한 영양소가 들어 있는 액체나 고체

주셨고 수업이 끝나면 쪼르르 달려가 퍼붓는 질문에도 항상 끝까지 대답해 주셨다. 연구에도 열심이셨던 교수님들의 논문 출판과 연구비 획득, 특허 등에 대한 소문은 어쩌면 학교에서 연구하고 학생들을 가르치는 일이 내가 실현할 수 있는 꿈이 아닐까 생각하게 했다.

2열람실의 '내 자리'는 그 꿈을 이루기 위한 계획을 세우는 곳이었다. 전공 공부 외에 틈틈이 토플 시험을 준비하고, 좋아하고 잘할 수 있는 것을 찾으려고 책을 읽고, 취업이나 진학을 한 선배들도 찾아갔다. 실험에 대해 더 배우고 싶어서 4학년 마지막 학기에는 연구소에 취업했다. 머리를 맞대고 함께 원서를 독파하던 동기들은 숄더백을 어깨에 메고 캠퍼스를 걷는 나를 보곤 '문 교수'라고 불렀다.

그 시절 나에게 꿈은 목표였다. 교수가 되고 싶다는 목표만 있었지, 구체적인 목적은 없었다. 수많은 생명과학 및 미생물 관련 전공 중에 어떤 것을 택하고 싶은지에 대한 생각은 뚜렷하지 않았다. 대학원에 가서 석사와 박사 학위를 받는다고 모두가 교수가 되지는 않는다. 빠르게 발전하는 과학기술의 변화로 지금 각광받는 분야가 미래에는 사라져 교수가 필요 없어질 수도 있다는 것을, 안타깝게도 그 꿈을 꿀 때는 생각하지 못했다.

◦

어느 날 도서관 책장에서 바이러스학 전공 서적을 찾다가 《한탄강의 기적》이라는 책을 집었다. 이호왕 박사님의 이야기가 떠오르는 제목이었다. 이전에 타 대학에서 열린 노벨상 수상자의 강연을 들으러 갔다가 함께 강연자로 오신 박사님의 강연을 들은 적이 있었다. 책에는 6·25 당시 '한국형 출혈열'이라 불리던 유행성 출혈열의 원인인 한타바이러스 발견의 역사가 담겨 있었다. 앉은자리에서 다 읽어 버릴 만큼 인상적이었다. 박사님의 명료한 음성이 들리는 듯했다.

우리 과에서 어렵기로 악명 높은 바이러스학을 수강할 때였는데, 그럼에도 불구하고 '바이러스를 전공하고 싶다.'라고 생각했다. 바이러스는 전자 현미경을 통해서나 볼 수 있을 만큼 아주 작은 존재다. 인류에게 혹독한 흔적을 남긴 인플루엔자의 사례처럼 그 작은 바이러스가 역사를 바꾸기도 한다. 이 사실이, 인생을 걸어 볼 만하다는 도전 의식을 불러일으켰다.

당시 한국에는 바이러스를 연구하는 곳이 그리 많지 않았다. 나는 이호왕 박사님의 한타바이러스 연구에 대한 역사가 고스란히 남아 있는 대학원에 들어갔다. 실험실에는 1970~1980년대 한타바이러스 초기의 역사를 함께했던 나무로 된 시험관 랙

(rack)이 있었고, 액체질소 통에는 1976년이라는 날짜가 적힌 바이러스들이 빽빽이 들어차 있었다.

꿈을 향한 발걸음을 그렇게 내디뎠다. 《사이언스 고즈 온》이란 나의 첫 책을 읽고 대학원 동기이자 가장 친한 친구는 이렇게 표현했다. "시료♪ 분류에 필요한 색색의 펜을 실험복에 꽂고 수첩을 챙겨 냉동실과 동물실을 동분서주하던 모습들. 길고 창이 없는 복도를 실험복을 입고 당당히 걷던 문성실이 기억난다."

무거운 책을 팔에 안고 대학교 캠퍼스를 걸을 때, 하얀 가운을 입고 창이 없는 복도를 지날 때, 나에게는 꿈이 있었다.

꿰지 못한 구슬이 모이고 모여

나는 구슬을 만드는 재주가 있다. 실험으로 결과를 내는 일을 곧잘 한다. 첫째, 손재주가 있다. 둘째, 무언가 가설을 세우고, 가설을 증명할 수 있는 실험에 대한 계획을 세우고, 그 계획에 줄을 그어 가며 헤쳐 나가는 것을 좋아한다. 셋째, 대학 때 도서

♪ 시험, 검사, 분석 따위에 쓰는 물질이나 생물

관 붙박이로 지냈기에 자료 찾는 일을 곧잘 한다. 필요한 책이나 논문을 어디서 어떻게 찾아야 하는지 터득한 덕분에 다양한 실험 및 연구에 대한 이해가 빠른 편이다.

첫 번째는 타고나는 것이지만 두 번째와 세 번째는 노력과 시간이 많이 든다. 글로 쉽게 이야기하고 있지만 사실 아침부터 밤까지 실험실에 틀어박혀 실험을 반복하고, 새벽 첫차를 타고 집에 가기도 하고, 한 달 동안 실험이 실패해 좌절했던 적도 있다. 겉으로는 번지르르한 대학원생이지만 실상은 며칠 동안 감지 못해 떡이 된 머리에 누렇게 바래고 꾀죄죄한 실험복을 입고 좀비처럼 복도를 거닐던 날들이 수두룩했다.

요즘은 생명과학 실험 분야를 둘로 나눠서 이야기한다. 하나는 내가 지금까지 해 온 것처럼 실험복을 입고 실험을 통해 결과를 얻는 '웨트 랩(Wet Lab)'이다. 다른 하나는 컴퓨터를 이용해 유전자와 단백질 분석을 하거나 모델링하는 '드라이 랩(Dry Lab)'이다.

언젠가 코딩으로 유전자 모델링을 하는 과학자가 내게 말했다. "저는 죽어도 실험은 못 할 것 같아요. 코딩은 버그를 찾으면 해결할 수 있으니 언젠가는 끝을 볼 수 있는데, 실험은 결과가 안 나오면 왜 안 나오는지 찾는 게 정말 어렵잖아요."

그분의 말이 맞다. 해결하지 못한 문제를 풀려면 수없이 실험을 반복해야 한다. 실험 조건을 하나씩 바꾸면서 문제의 실마리를 찾아가는 과정을 거쳐야 한다. 육체적인 고단함을 견디면서 머릿속을 꽉 채우고 있는 물음표를 지워 가는 시간이다. 게다가 대부분의 생명과학 실험은 인간의 질병과 관계가 있다 보니 수많은 동물이 희생되는 경우도 있다.

그렇게 만들어 낸 결과는 "구슬이 서 말이라도 꿰어야 보배다."라는 말처럼, 그래프와 표로 가공해 과학 저널에 실리는 논문이 되어야 비로소 보배가 된다. 대학원에 다니는 동안 만들었던 수많은 구슬은 보배가 되지 못한 것이 훨씬 많다. 꿈을 꾸기 시작할 때 상상하며 계획했던 나의 인생에는 꿰지 못한 구슬들이 쌓여 있었고, 구슬을 만들기 위한 시간과 노력에 대한 계산이 없었다. 많은 사람이 대학원에서 좌절을 경험하는 것은 바로 이 때문이다.

보통 석사 과정은 학위를 취득하기까지 2년, 박사 과정은 3~5년이 걸린다. 요즘은 석박사 통합 과정이 있어서 5~6년 만에 학위를 받는 경우도 있다. 이 기간 동안 실험실에서 실험만 하는 게 아니라 수업도 들어야 하고, 때론 조교도 해야 하고, 종합시험과 영어 시험도 봐야 한다. 공부와 더불어 반복하는 실험과 실패 가운데 많은 이가 포기한다.

그 시절을 돌아보면 꿈이 바래던 순간이 많았다. 박사 학위라는 눈앞의 목표 앞에 꿈에 대한 막연한 갈망을 떠올릴 여유는 없었다. 졸업을 위해 실험을 하고 결과를 내고 논문을 쓰는 일을 한정된 시간 안에 끝내야 한다는 압박이 훨씬 더 컸다.

그렇게 박사 학위를 받고 다음 단계인 '박사 후 연수 과정'을 밟고 싶었던 나는 미국에서 열리는 학회에 참석하게 됐다. 비행기를 타러 떠나는 내 가방에는 이력서 20부가 들어 있었다. 무작정 이력서를 돌리는 것, 그게 아는 사람 하나 없는 나라에서 내 미래를 뚫을 수 있는 유일한 방법인 줄 알았다. 아쉽게도 이력서는 누구에게도 전달하지 못하고 돌아왔다.

이후 '미국 바이러스학회(American Society of Virology, ASV)'의 구인 사이트를 아침저녁으로 들락거리며 내가 하고 싶은 연구를 포함하는 실험실을 찾아 헤맸다. 바이러스밖에 모르던 나는 당연히 바이러스를 연구하는 실험실을 고집했다. 게다가 내가 연구해 보지 않았거나 익숙하지 않은 바이러스들을 제외하니 이메일을 보낼 수 있는 곳은 단 두 곳밖에 없었다. 그 두 군데 실험실 책임자에게 이메일을 보낸 뒤 하루에도 수십 번씩 새로 고침 버튼을 누르며 받은 메일함을 확인했다. 매일 실망하고 좌절하는 시간이 이어졌다.

수개월이 지나서야 한 곳에서 연락이 왔다. 먼저 전화 인터뷰를 한 뒤 연구 책임자가 해외 출장 가는 길에 한국에 들러 대면 인터뷰를 했다. 그때 그 도전이 한국이 아닌 미국이 '우리 동네'가 되는 인생의 변환점이 되었다.

◦

코로나19가 시작되던 무렵 부탁받은 원고가 있어서, 미국까지 들고 온 오래된 실험 노트를 펴 본 적이 있다. 2004년 사스가 유행할 당시 사스코로나바이러스에 대해 작성한 실험 노트였다. 사진으로 찍어 놓았던 몇몇 실험 결과들이 알아볼 수 없을 정도로 하얗게 바래 있었다. 한 장 한 장 넘기며 색색의 볼펜으로 꾹꾹 눌러쓴 글씨를 보니 그때 했던 실험과 고민이 고스란히 떠올랐다.

새로운 바이러스의 등장이 전 세계를 위협하던 당시 두려움과 간절함으로 실험하던 그때의 나와, 마음 한편 약간의 사명감과 부담감을 지닌 채 실험실 생활을 즐기던 나의 모습이 겹쳤다. 미국까지 그 노트를 챙겨 온 것은 한 편의 논문조차 되지 못한 시간과 노력이 못내 아쉬워서였다. 꿰지 못한 구슬이지만, 내가 가장 즐기고 좋아하던 순간이 담긴 흔적이기도 했다.

꿈이 현실이 되려면 그 꿈이 좋아하는 것이자 즐기는 것이어야 한다. 학회 참석차 미국에 두어 번 방문한 것이 다였던 내가 이곳에서의 생활에 용기를 낼 수 있었던 이유도 좋아하는 일을 좀 더 좋은 환경에서 지속할 수 있으리라는 기대가 있었기 때문이다.

그렇게 과학자가 되었다. 아니, 엄밀히 말하자면 '미생물학자'가 되었다. 물론 처음부터 목표로 한 길은 아니다. 그러나 내가 바라던 것은 교수라는 직업이 아니라 '과학을 하는 사람'으로 살아가는 삶이란 걸 그리 오래 지나지 않아 깨달았다. 원하던 대로 바이러스와 백신 연구에 몰두하고, 적합한 시설과 환경에서 좋아하는 과학을 할 수 있으니 결국 꿈을 이뤘다.

"엄마 연구소 다녀올게!"

아이들이 방학인 요즘 아침 인사를 건네면 서운해하는 소리가 들린다. 미국에서 산 지 올해로 17년이 되었다. 혼자서 이민 가방 두 개에 작은 캐리어 하나, 배낭 하나 메고 밟았던 미국 땅이 이제는 가족이 있고, 직장이 있는 곳이 되었다. 그럼에도 '미국식' 혹은 '어른 식'으로 바뀌지 않는 인사가 "연구소 다녀올게."이다.

연구소에서 동료들과 이야기를 나누다가도 "미안, 나 실험이 있어서 실험실에 들어가 봐야 돼."라고 이야기하곤 한다. 미국 동료들은 '실험(experiment)'이 아니라 '일(work)'이라고 표현한다. 특히나 일을 'make money'로 표현하는 미국식 사고는 일에 대한 나의 가치관과 다르다.

물론 일을 통해서 돈을 벌지만, 돈벌이가 전부라고 생각하지는 않는다. 일은 내게 꿈과 현실의 연결 고리가 되어 주었다. 여전히 실험하고, 실패하고, 또다시 일어서는 나날을 수없이 반복하지만 이제는 그런 과정이 삶으로 체화되었다. 일은 좋아하는 것을 넘어 사랑하는, '삶의 의미'가 되었다.

과학자는 혼자 업적을 이루지 않는다

코로나19가 한창일 무렵 기고한 글이 실린 아동 과학 잡지를 한국에 있는 조카에게 보내 준 적이 있다. 이모가 미국에서 무슨 일을 하는지 잘 몰랐던 조카는 글을 읽고 "이모 같은 과학자가 되고 싶다."라고 이야기했다. 하루는 학교에서 롤 모델에 대해 그림을 그리고 발표하는 시간이 있었다는데, 조카는 나를 롤 모델로 꼽았다면서 그림과 글을 사진으로 찍어 보내 왔다.

대한민국의 초등학생이 현실에서 과학자를 볼 수 있는 확률은 얼마나 될까? 2012년 현대 모비스 그룹의 PR 영상 '노벨프로젝트'의 주제는 "아이돌도 필요하지만 우리에겐 과학자가 더 많이 있어야 합니다."였다. 지금은 "유튜버도 필요하지만 우리에겐 더 많은 과학자가 있어야 합니다."라고 바꿔야 할 만큼, 여러 초등학생이 크리에이터를 꿈꾼다. 청소년의 상황도 크게 다르지 않을 듯하다.

학교에서 과학 이론만이 아니라 체험을 접할 수 있는 기회가 예전보다는 늘어났지만, 어린이와 청소년이 가깝게 느낄 수 있는 '현실의 과학자'는 그리 많지 않다. 노벨상이라는 어마어마한 업적을 이룬 사람들만 '진정한 과학자'처럼 여기는 문화는 다음 세대가 과학과 더 멀어지게 하기도 한다.

현실의 과학자가 된 지금 돌이켜 생각해 보면, 꿈을 꾸고 노력하며 오늘에 이르기까지 나에게 격려와 영감이 되어 준 많은 이가 있었다. 궁금한 게 생기면 원 없이 찾아보라고 백과사전을 안겨 주고 과학 잡지 구독을 신청해 주셨던 부모님, 과학실에 자유롭게 출입하며 과학 경시대회를 준비할 수 있게 해 주신 과학 선생님이 있었다. 열정적으로 학생들을 가르치며 연구하시던 교수님들, 같이 공부하고 실험하며 고민을 나누던 동기와 선후배들이 있었다.

과학자가 되고 나서는 함께 연구하는 동료들이 늘 곁에 있다. 어느 과학자도 혼자서 업적을 내지는 못한다. 과학자들이 발표한 논문에는 그 논문을 위한 연구에 참여한 사람들의 이름이 적혀 있는데, 적게는 2~3명에서 많게는 100명까지 있는 경우도 있다.

코로나19 초기에 미국에서 발생한 첫 환자에 대한 논문이 출판되었다. 나는 그 논문에 표기된 80여 명 중 한 명으로 이름을 올렸다. 환자를 돌본 의료진부터 시작해서 코로나19의 정체를 잘 알지 못하던 당시 그에 대한 진단, 바이러스 분리, 유전자 분석 및 정책에 관여한 사람들의 이름이 모두 그 논문에 새겨졌다. 이런 사례 외에도 융합 연구가 늘어나면서 다른 분야와 공동으로 연구하는 일이 많아졌다.

○

"한 아이를 키우려면 온 마을이 필요하다."라는 나이지리아의 속담이 있다. 과학자를 키우는 일도 동일하다고 생각한다. 학생들에게 흥미 위주의 과학 실험을 보여 주는 게 전부는 아니다. 가족과 학교와 사회가 과학자를 기르는 데 더 많이 노력해야 한다. 공부하고 노력한 만큼 경제적 보상이 크지 않아 어린이와 청소년들의 꿈에서 과학자가 멀어지지 않기를 바란다. 과학자의 꿈을 펼치는 사람이 늘어나려면 더 다양한 현실의 과학자를 만날 수 있어야 한다.

그래서 롤 모델이란 말보다 '레퍼런스'라는 말을 좋아한다. 레퍼런스는 주로 논문의 제일 마지막 부분을 장식한다. 논문을 쓸 때 다른 논문이나 책 등을 참고하거나 인용하면 표시를 한다. 레퍼런스는 참고한 저자의 이름으로 해당 페이지에 각주를 달고, 논문 제일 마지막에 나열하는 문헌을 뜻한다.

또 다른 의미의 레퍼런스는 추천서다. 미국에서 대학원이나 직장에 지원할 때는 추천서가 중요하다. 지원하는 사람과 직접 같이 일했거나 지도한 사람들이 이 추천서를 쓸 수 있으며, 자신의 이름을 걸고 하는 추천이니만큼 무게감이 상당하다.

노벨상을 받았거나 아주 유명한 과학 저널에 논문을 실었거나 세상을 바꿀 만한 위대한 발명을 하지 않았더라도, 우리 가까이에서 실험의 실패와 좌절을 반복하며 묵묵히 그리고 기꺼이 그 길을 걸어가는 과학자들을 주목할 필요가 있다. 그들이 바로 다음 세대에게 참고가 되는 과학자의 레퍼런스이자, 지금의 어린이·청소년을 먼 훗날 과학계에 추천할 수 있는 레퍼런스다. 나 역시 조카의 롤 모델이 아닌 레퍼런스가 되고 싶다.

세상의 다른 면을 바라보자

나는 현재 5세 이하의 어린아이에게 설사를 일으키는 로타바이러스에 대한 백신을 연구하고 있다. 미국이나 한국처럼 위생 시설과 하수도 시설을 잘 갖추고 있는 곳에서는 아이들이 설사로 죽는다는 것은 상상할 수 없는 일이다. 그러나 지금도 저소득 국가의 수많은 어린이가 로타바이러스에 감염되고 있으며, 그 결과 연간 20만 명의 아이들이 사망하고 있다.

대학원 시절 용역 연구로부터 시작해 로타 바이러스를 연구한 지 어느덧 20년이 되었다. 얼마 전 연구소에서 진급을 위한 인터뷰를 하는데 심사관 중 한 분이 "일과 경력에서 당신의 목표는 무엇입니까?"라고 물었다. 경력에서의 목표라고 하면 보통은 어느 직급까지 올라가고 싶으냐는 질문을 뜻한다. 나는 "이 백신이 빨리 개발되어서 저소득 국가에서 접종되는 것을 보는 것이 목표입니다."라고 대답했다. 내가 하는 일로 죽음의 위협에 놓인 이들을 살릴 수 있다는 가능성은 직급으로 한정 지을 수 없을 만큼 큰 의미가 있다.

미국에서도 K-팝, K-푸드가 익숙하게 눈에 띄는 오늘날, 국가의 경계를 넘어 빠른 속도로 정보와 인력이 이동한다. 글로 벌 시대이니만큼 많은 이가 세계로 눈을 돌린다. 문제는 우리의 눈이 지구의 또 다른 곳은 보지 못하고 있다는 점이다. 코로나19가 횡행하는 동안 전 세계에서는 진단 검사와 백신 접종이 시행되었다. 고소득 국가들은 진단 검사 시약과 백신 확보에 앞다퉈 열을 올렸고, 이들 나라에서는 군 항공기와 군수물자 이동 시스템을 통해 신속하게 백신이 배포되었다.

그러나 수많은 저소득 국가에서는 진단 검사 시약이 있어도 훈련된 인력이 없어 시스템을 구축할 수 없었다. 백신 또한 제대로 분배되지 않아 코로나19로 인한 '백신 불평등'의 문제가 대두되었다. 사람을 살리기 위한 과학이, 세상을 더 발전하게 만들 과학이 지구의 한정된 사람들을 위한 전유물이어서는 안 된다. 과학자들의 눈도 자신이 발 딛고 있는 땅을 넘어 지구 반대편으로 향할 필요가 있다.

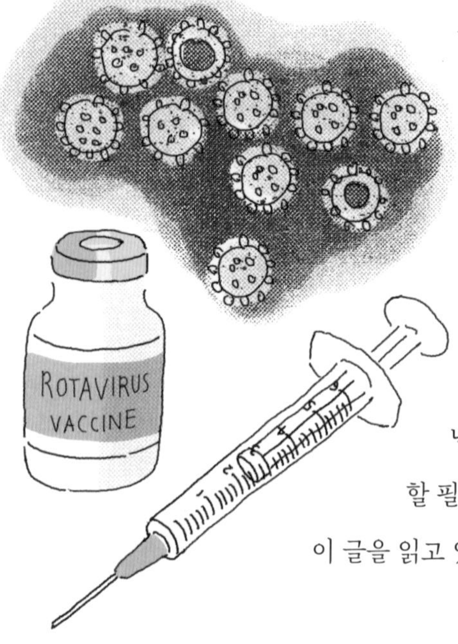

이 글을 읽고 있는 당신은 이제 현실의

과학자 한 명을 알게 되었다. 화려한 스포트라이트를 받는 과학자는 아니지만, 반복되는 실험에서 의미를 찾고 설사 백신 개발을 자랑스럽게 여기며 두 아이의 엄마로서 평범하게 살아가는 과학자를 알게 되었다. 또 다른 현실의 과학자를 찾아보기 바란다. 아마 그리 멀지 않은 곳에 세상 저편의 누군가를 위해 밤낮으로 노력하고 있는 과학자가 있을 것이다. 언젠가 당신이 과학자로서 꿈을 꾸게 된다면, 그 길을 조금 더 먼저 걷고 있는 과학자들이 곁을 함께할 것이다.

식물을 찾고, 기다리고, 기록합니다

이소영

"낭비의 시간이 다음 발견을 위한 원동력이 됩니다."

식물세밀화가이자 원예학 연구자. 국내외 식물 연구 기관과 협업해 식물세밀화를 그리며, 대중에게 식물세밀화를 알리는 전시·교육 활동을 하고 있다. 지은 책으로 《식물의 책》《식물과 나》《식물 산책》이 있다.

식물의 매 순간을
촘촘히 관찰하는 일

숲의 짙은 녹음 사이로 능소화와 으아리, 원추리 꽃이 활짝 피었다. 곧 자귀나무와 범부채 꽃을 볼 날도 머지않은 듯하다. 계절의 꽃 이름을 나열하는 나는 식물을 그림으로 기록하는 식물세밀화가다.

식물을 그림으로 기록하는 일은 식물 선정으로 시작한다. 보통은 그리고 싶은 식물을 그리기보다 그림을 그려 달라는 제안을 받는 경우가 많다. 국내외 식물 연구 기관, 대학의 식물 연구자, 원예가♪, 육종가♪♪ 혹은 화장품이나 제약 회사 등 식물을 다루는 곳에서는 모두 식물세밀화를 필요로 한다.

몇 달 전 국내의 식물 연구 기관 연구원으로부터 식물을 그

♪ 식물을 심고 가꾸는 일을 업으로 하는 사람

♪♪ 생물이 가진 유전적 성질을 이용해 새로운 품종을 만들어 내거나 기존 품종을 개량하는 일을 직업으로 하는 사람

려 달라는 연락을 받았다. 외국에만 분포한다고 알려진 식물이 우리나라에서 처음 발견되어 미기록 식물종으로 발표할 예정인데, 논문에 들어갈 그림이 필요하다는 것이다. 식물은 바람과 물, 동물을 통해 이동 범위를 넓혀 가지만 인류가 식물을 재배하고 이용한 이래 인간에 의해서 먼 거리를 이동하게 되었다. 사람들이 국경을 넘나드는 일이 많아지며 외래 식물이 우리 땅에서 발견되는 일이 부쩍 잦아졌다.

식물이 발견된 자생지의 위치와 소장하고 있는 표본 자료의 양에 관해 연구원에게 물었다. 그는 생체와 표본 자료가 충분히 있으니 자생지에 갈 필요 없이 자신이 자료를 전달하겠다고 말했다.

식물을 그리기 위해 나는 등산복을 입고 산에 오른다. 식물 세밀화의 가장 중요한 과정은 그림 그릴 대상인 식물을 찾아 나서는 것이다. 보고 그릴 재료가 없으면 그림을 그릴 수 없다. 대상 식물은 물리적으로 가까운 수도권의 식물원이나 정원, 산에 있기도 하지만, 저 먼 남쪽 끝의 섬과 산 그리고 바다 건너 외국에 있을 때도 있다. 식물을 발견한 사람이 생체나 표본 자료를 전달하는 경우 외에는 나 스스로 식물을 찾아 나선다.

식물을 그려 달라고 요청했던 연구원은 자신의 연구소가 있는 부산에서 경기도 남양주의 내 작업실까지 표본을 들고 찾아

왔다. 우리는 신문지에 들어 있는 납작한 건조 표본을 사이에 두고 길게 이야기를 나눴다. 이들의 가족과 원산지 정보, 형태, 자생지에서 어떤 생태 특징이 있었는지에 등에 관해서.

식물은 사초과로, 일본과 중국에서 발견된 바 있으나 우리나라에서는 발견되었다는 기록이 없었다. 내가 가장 먼저 할 일은 한 종이자 여러 개체인 표본들의 형태적 공통점(분류 키)을 찾아내는 것이었다.

∘

식물세밀화는 식물의 형태를 그림으로 그린 기록물로 과학 일러스트의 일종이다. 과학 일러스트 중 가장 발달한 의학 일러스트를 인체해부도라고 부르듯, 식물세밀화 역시 식물해부도라고도 부를 수 있다. 식물종의 특징을 드러내야 하는 그림이기에 최대한 많은 개체의 식물을 관찰해 종이 내포한 보편적인 특징을 잡아낸다.

식물세밀화는 우리가 식물의 이름을 부르는 근거이자 증거다. 눈앞의 식물이 최초의 사과나무 기록에 그려진 모습과 같은 형태일 때 비로소 사과나무라고 부를 수 있고, 할미꽃을 두고 할미꽃이라 말할 수 있다.

종의 특징은 식물의 생애 내내 드러난다. 내가 그리는 식물세밀화에는 뿌리부터 줄기, 가지, 잎, 꽃, 열매, 씨앗, 수피♪, 겨울눈 등 식물이 살아가며 드러내는 모든 형태가 기록된다. 다시 말해 한 종의 식물을 그리려면 한겨울 눈송이 아래 흰털민들레의 뿌리부터 초봄 로제트 새싹이 돋고, 잎이 생장하고, 꽃이 피었다가 만개해 지고, 그 자리에 열매가 맺고, 다 익은 열매에서 씨앗이 떨어져 나와 또 다른 개체로 번식하기까지 삶의 모든 계절, 식물의 매 순간을 촘촘히 찾아 관찰해야 한다.

연구자는 표본 열 점 정도를 남기고 떠났다. 한 달여의 시간 동안 나는 수분 빠진 납작한 표본을 뜨거운 물에 불리고, 마르면 또다시 불리기를 반복해 원형 복구한 후 현미경으로 관찰하며 그림을 완성했다. 고화질로 스캔한 파일과 원본은 연구자에게 보냈다. 식물세밀화는 기록물이기 때문에 좋은 품질로 제작하는 것만큼 오래 보존하는 것 역시 중요하다. 결국 디지털 데이터로 만들어야 하기에 스캔 파일을 보내는 것까지가 식물세밀화가의 역할이다.

이것으로 내 일이 끝나는 것은 아니다. 앞으로 더 많은 개체를 관찰한 후 기존 기록이 틀렸거나 추가 수정이 필요할 때는 언

♪ 나무의 껍질

제든 수정할 준비가 되어 있어야 한다. 식물세밀화는 식물세밀화가의 연구 결과라고 할 수 있고, 연구 결과는 갱신으로 정확해진다. 그림을 다 그리면 식물에 대한 여러 단계의 증명을 거쳐 통상 2~3년이 지난 뒤에 논문이 발표된다. 보통은 그 식물을 그렸다는 사실을 잊고 지낼 즈음 우연히 기사로 발표를 접할 때가 많다.

사초과의 미기록종 식물을 다 그리고 나서 한 달여 시간이 흐른 어느 날 연구원에게 급히 전화가 왔다. 논문을 쓰던 중 타 기관으로부터 연락이 왔는데, 그쪽에서 먼저 해당 식물을 발견해 논문을 작성하고 있으니 발표를 포기해 달라고 요청했다는 것이다. 결국 발표는 취소되었고, 나와 사초과 미기록종의 인연은 이렇게 끝이 났다. 내가 그린 그림은 오로지 나만의 기록이 되었다.

자연에 순응하며 한계를 깨달을 때

식물을 기록하는 일을 하다 보면 의지대로 되지 않는 상황이 많다. 준비하던 프로젝트가 코로나와 같은 질병으로 취소되거나 정치적인 이유로 중지되기도 한다. 앞선 경우처럼 다 그린 기록을 발표하지 못하는 일도 생긴다.

식물세밀화가로 일하게 된 첫 해, 식물분류학자인 동료가 소리쟁이속 식물 중 외국에는 자생하지만 우리나라에 분포한다는 기록이 없는 미기록종 식물을 발견했다며 그림을 요청했다. 강원도의 자생지를 찾아 식물을 관찰하고 일주일 정도 꼬박 이 식물에 매달려 작업을 완성했다.

그런데 얼마 후 동료가 난감한 표정을 지으며 말하길, 알고 보니 해당 식물이 미기록종이 아니라 이미 발표된 바 있는 종이라는 것이다. 동료는 미리 제대로 알아보지 못해 미안하다고 했지만, 나는 신종·미기록종의 정체를 확인하기가 매우 어렵고 까다로운 일이란 것을 알기에 누구 탓도 할 수 없었다. 기껏 다 그린 그림이 공공 기록물로써의 가치를 잃게 되었을 때 처음에는 무척 좌절했다. 그러나 같은 상황을 반복해 마주하면서 점차 결과에 무게를 두지 않게 되었다. 과정 자체로 만족하는 것만이 이 일을 하며 행복해질 수 있는 방법임을 깨달았다.

소리쟁이 그림은 결국 공식적으로 발표되지 않았지만 소리쟁이를 관찰하는 동안 우리나라에 자생하는 소리쟁이속 식물에 대해 공부했고, 어딜 가든 소리쟁이를 보고 식별할 수 있게 되었다. 이들을 관찰하려고 올랐던 산에서 찔레꽃과 홀아비바람꽃 등을 만났던 일도 잊을 수 없다. 그림이 논문에 실리지 않았을지

언정 나의 식물세밀화 컬렉션에 한 점이 추가되었다.

물론 모든 과정에서 아무런 의미를 찾지 못해도 할 수 없는 일이다. 살아가며 겪는 일이 늘 기대만큼의 결과를 가져다주지는 않는 법이란 걸 우리는 알고 있지 않은가. 그런 의미에서 식물세밀화가로 일하는 것은 자연에 순응하는 법과 나의 한계를 깨닫는 일이기도 하다.

◦

식물의 뿌리 구조, 나무 껍질의 색, 잎 뒷면의 털, 줄기 가시의 방향과 같은 식물의 모든 기관이 나의 관찰 대상이지만, 특별히 유의 깊게 보아야 할 기관은 따로 있다. 바로 꽃과 열매, 씨앗과 같은 생식기관이다. 이 기관들은 식물의 종 특징을 가장 많이 드러낸다. 사실 우리는 이미 꽃과 열매로 종을 식별하고 있다. 봄에 돋아난 잎만 보고는 능소화를 식별할 수 없지만, 여름에 피어나는 꽃을 보면 금세 능소화임을 알 수 있듯이 말이다.

그릴 대상 식물종이 정해지면 이들의 꽃이 피는 시기와 열매 맺는 시기를 대략 유추해 때에 맞춰 관찰하러 간다. 이때 예상보다 꽃이 빨리 피어 내가 도착했을 때 이미 지고 있거나, 피었어야 할 꽃이 피지 않은 상황을 마주하기도 한다. 자연의 일이기에 내

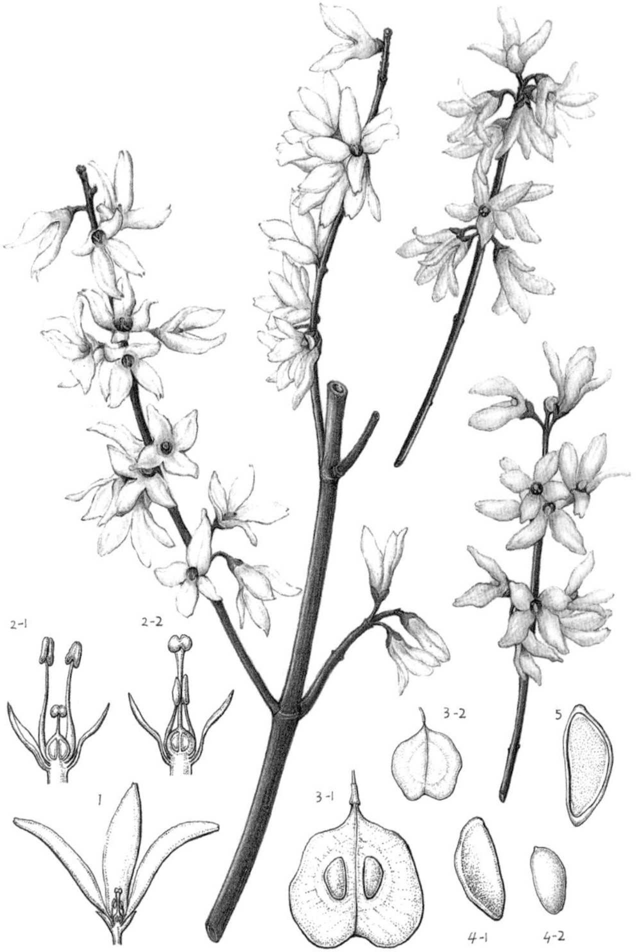

미선나무 *Abeliophyllum distichum* Nakai

의지로는 어찌할 수 없다. 게다가 기후변화로 개화 시기와 결실 시기가 급격히 바뀌면서 예측이 더욱 어려워졌다.

올봄 우리나라 특산 식물인 미선나무를 기록할 일이 생겨 충청북도의 미선나무 자생지에 찾아갔다. 나무에 꽃은 없고 새잎이 돋아나고 있었다. 미선나무는 개나리와 유사하며, 꽃이 잎보다 먼저 피는 식물이다. 예년보다 올해 전체적으로 개화 시기가 빨라진 바람에 미선나무 꽃 역시 이미 다 져서 보지 못한 채 발걸음을 돌려야 했다. 이런 일은 자연을 관찰하는 사람들에게 아주 익숙하다.

어제까지만 해도 초록 열매가 풍성하던 매실나무인데 밤새 계속된 비바람을 견디지 못해 열매 열린 모습을 관찰할 수 없게 되거나, 몇 시간 전까지만 해도 활짝 피어 있던 산수국의 꽃잎이 한여름 내린 소나기로 다 떨어진 상황. 이럴 때면 가만히 다음 해를 기약할 뿐이다.

국내의 한 식물 연구 기관에서 약용 자생식물도감을 만든다며 산사나무를 그려 달라고 요청한 적이 있다. 6개월여간 작업실 근처 광릉숲에서 내가 아는 가장 오래된 산사나무를 모니터링했다. 이들은 늦은 봄 흰 꽃을 피우고 가을에 빨간 열매를 맺는다. 사람들이 좋아하는 디저트인 탕후루에 들어가는 원 소재가 바로 산사나무 열매다. 그런데 아무리 기다려도 매년 열매를 맺던 개체가 열매를 맺지 않았다. 나는 급히 열매 맺은 다른 개체를 찾아 나서야 했다.

식물이 어느 해에는 꽃을 덜 피우거나 열매를 맺지 않는 경우가 있다. 환경 요인에 의한 것일 수도, 식물 내부의 문제일 수도, 예측할 만한 이유가 없을 수도 있다. 분명한 것은 매년 같은 삶을 반복하는 식물도 실수할 때가 있고, 예상치 못한 상황에 직면할 때가 있다는 것이다.

자연은 설정값에 따라 늘 같은 결과물이 나오는 물건이 아니다. 게다가 식물이 마주하는 의외의 상황은 인간도 피할 길이 없다. 우리가 아무리 지구에서 가장 지능이 높고, 고도 기술을 사용하고, 거대 문명을 성장시킨 종이라고 해도 죽음이라든지 태풍, 지진과 같은 자연현상을 피할 수 있는 건 아니다. 나는 지구 생물 중 후발대로 출현한 한 종의 동물에 불과하다. 식물을 공부하며 자연 아래 호모 사피엔스로서의 한계를 자주 마주했다.

식물도 실수하고, 사람도 실패하며
자기의 삶을 계속한다

내가 그리는 식물 중에는 숲에 사는 자생식물이 아닌 인간이 육성한 재배식물도 있다. 열매가 맛있는 과일 그리고 꽃이 아름다운 화훼식물을 관찰할 때는 사람들의 무단 채취로 순식간에 그릴 대상이 사라지는 일이 자주 생긴다.

10여 년 전 우리나라에서 재배되는 블루베리 품종을 기록하기 위해 강원도의 한 식물원에서 블루베리를 관찰한 적이 있다. 블루베리는 봄에 흰 꽃을 피우고 더위가 시작될 즈음 열매 크기가 점점 커져서 녹색 열매가 파란색에서 보라색, 검은색이 된다. 이 과정을 모니터링하고 있었는데, 열매가 보라색으로 익자 채집 불가한 장소임에도 불구하고 관람객들이 모조리 채취해 가는 바람에 다음 단계를 관찰하지 못했다.

식물을 보기 위해 산과 들, 식물원에 다니다 보면 식물을 좋아하는 사람들과 훼손하는 사람들을 자주 만난다. 둘은 다른 부류가 아니다. 식물을 좋아하는 사람이 식물이 있는 장소에 가고 식물을 훼손한다. 원하는 구도의 야생화 사진을 남기려고 식물을 뿌리째 뽑아 재배치하거나 다른 사람이 좋은 기록을 남기지 못하도록 식물을 죽이거나 집에 가져가기도 한다.

이런 문제의 원인은 그릇된 방식으로 식물을 좋아한다는 데 있지만, 무의미한 시간과 수고를 견디지 못하는 우리의 태도에도 있다. 긴 시간 품을 들여 먼 곳까지 와 힘들게 산에 올랐는데 빈손으로 갈 수 없다는 마음, 뭐라도 남겨야 한다는 마음이 식물을 훼손하게 하는 것이다. 우리가 도전을 두려워하는 이유 역시 실패할 경우 낭비되는 시간과 돈, 수고에 대한 두려움 때문일 것이다.

ㅇ

식물 연구자 중에는 평생 한 분류군만을 바라보며 산에 오르는 이들이 있다. 그렇게 매일 산에 올라도 목표로 삼은 식물을 보지 못하는 일이 허다하다. 그러나 연구자들은 산에 오른 시간과 수고를 낭비라고 생각하지 않는다. 내가 찾는 식물이 이 산에 없다는 걸 알게 된 것 또한 중요한 발견이기 때문이다.

산철쭉과 개나리처럼 이른 봄꽃을 피우는 식물 중에는 한겨울임에도 한두 송이 꽃을 피우는 경우가 있다. 추운 겨울 갑자기 기온이 오르면 봄이 왔다고 착각하는 것이다. 꽃을 본 인간은 큰일 났다고 호들갑을 떨지만, 사실 식물계에서 이런 일은 빈번하게 벌어진다. 이 현상을 '불시 개화'라고 한다.

식물이 꽃을 피우는 데는 큰 에너지가 필요하지만 겨울 가지에 꽃 한두 송이를 먼저 피워 냈다고, 실수했다고 해서 해당 개체의 생과 번식에 치명적인 문제가 생기는 것은 아니다. 그저 겨울에 꽃을 피워 동물의 주목을 더 받았을 뿐이다.

어제, 제주 서귀포에서 식물 조사를 마치고 숙소로 돌아가는 길에 자동차 내비게이션과 지도를 끄고 가고 싶은 길로 움직였다. 가로막힌 길이 나오면 그저 차를 돌리면 된다고 생각했다. 그렇게 20여 분의 시간이 지나자 내 앞에는 해안식물이 가득한 너른 들판과 바다가 펼쳐졌다.

곧이곧대로 내비게이션을 따라갔다면 넓고 편한 길을 지나 재빨리 숙소에 도착했을 것이다. 그러나 사람 한 명 없는 제주의 광활한 대자연, 이곳에서만 자생하는 제주찔레와 이맘때 잎을 내밀기 시작하는 갯강활과 갯메꽃, 산부추를 볼 수 없었을 것이다. 낭비를 자처한 선택과 그 길을 따라 마주한 경험은 나 자신을 굳건히 믿을 수 있는 원동력이 되었다. 앞으로도 빠르고 넓고 편한 길이 아닌, 나만의 길을 찾아갈 것이다.

건강의 의미를 나날이 새롭게 발견해요

홍종원

"환자와 함께 삶과 죽음의 의미를 끝까지 고민하는 일,

그게 의사의 몫 아닐까요?"

방문진료의사. 방문진료전문병원 '건강의집의원'을 열어 아픈 이들을 직접 찾아다니는 의사가 되었다. 아무도 하지 않는 일을 하다 보면 아무도 할 수 없는 일을 할 수 있을 것이라 낙관하며, 세상에 순응하지 않고 아픈 이웃 곁에서 함께 웃으며 살려고 한다. 《처방전 없음》을 썼다.

말기암 환자는 얼마나 더 살아갈 수 있을까?

방문 진료를 통해 만난 수진(가명) 님은 두 아이의 엄마다. 위에서 생긴 악성 종양은 온몸에 퍼졌다. 아무것도 먹기 힘들어졌고, 못 먹으니 살이 빠져 뼈만 남은 듯 앙상하다. 암으로 인한 통증이 너무 심하다는 연락을 받고 그의 집을 찾았다. 보통의 아파트에 유치원 또래 아이들 장난감이 가득하다. 엄마와 이야기하는 중에 아이들은 영문도 모르고 뾰로통한 표정으로 주위를 맴돈다. 아픈 딸을 돌보기 위해 함께 지내고 있는 그의 어머니가 과일과 음료를 내어 왔다.

방문하기 전에 진료를 부탁한 그의 남편과 몇 차례 통화했다. 남편은 통화 끝에 "선생님, 희망적인 말을 해 주세요."라고 덧붙였다. 항암 치료를 하고 있지만 환자가 치료를 버티는 것조차 어려운 상황이었다. 말기라 마땅한 치료가 있는 것도 아니었다. 병원을 옮겨 다니며 말 그대로 기적을 구하는 마음으로 새로운 치료를 시도하고 있었다. 치료에서 새롭다는 말은 결코 결과를 낙관할 수 없는 도전이라는 말과 비슷하다.

남편의 말을 들으며 지푸라기라도 잡으려는 심정을 느꼈다. 처음 남편의 말을 들었을 때 사실 죽음을 준비해야 할 수도 있다고 말씀드리려 했다. 적극적인 치료보다는 말기 완화 의료인 호스피스♪ 서비스를 받는 것을 고려해야 할 수도 있다고 말이다. 말기 상황에서 전할 수 있는 희망의 말은 쉽게 떠오르지 않았다. 어떤 식으로 대화를 해 나갈지도 결정하지 못했다. 수진 님과의 만남 전에 희망의 말을 전해 달라는 남편의 간곡한 부탁만을 마음에 새겼다.

◦

수진 님의 어머니가 내어 온 과일과 음료를 먹으며 주위에 아이들이 있는 가운데 부정적인 이야기를 하는 건 쉽지 않았다. 수진 님도 안간힘을 쓰고 있었다. 객관적으로 쉽지 않은 상황임

♪ 생명을 위협하는 질환을 가진 환자의 신체적 증상을 적극적으로 조절하고 환자와 가족의 심리 사회적·영적 어려움을 돕기 위해 의사, 간호사, 사회복지사 등으로 이뤄진 호스피스·완화 의료 전문가가 팀을 꾸려 환자와 가족의 고통을 경감하고 삶의 질을 향상시키는 것을 목표로 하는 의료 서비스. 중앙호스피스 센터 홈페이지(https://hospice.go.kr)에서 자세한 정보를 찾아볼 수 있다.

에도 가족들 모두 힘을 내고 있었다. 나도 웃음 지으며 이야기를 들었다. 이야기가 끝나고 다 먹지 못한 체리를 싸 주셔서 받아 나왔다.

나와서 생각하니 딱히 내가 건넨 이야기가 없었다. 특별한 이야기를 나누지도 않았다. 몸은 어떤지, 약은 먹을 만한지, 지내시기는 어떤지 등 일상적인 대화였다. 남편으로부터 기본적인 내용은 들었기 때문에 병에 대해 특별히 캐묻지는 않았다. 필요한 마약성 진통제는 정해져 있었고 그 약을 처방해 드렸다. 희망의 말도 절망의 말도 조심스러웠다.

그렇게 몇 번을 찾았고 비슷한 상황이 반복되었다. 내어 주신 음식을 염치없이 먹었다. 나로서는 주신 음식을 먹는 것이 우회적으로 희망을 전하는 방식이었다. 집을 찾아온 낯선 의사와의 만남이 약간의 자극이 되길 바랄 수밖에 없었다.

그는 얼마나 더 살 수 있을까? 희망의 말보다는 하루라도 빨리 호스피스 치료로 접근해 볼 것을 권해야 했을까? 그 후로 몇 번을 찾아뵈었고 항암 치료를 위해 병원에 입원했을 때는 잠시 방문을 멈췄다가 다시 만났다. 그렇게 1년 가까이 인연을 이어오던 중 방문하기로 약속한 어느 새벽, 통증이 심해 응급실에 갔다는 이야기 이후로 소식을 듣지 못했다.

언제쯤 전화를 해 볼 수 있을까? 언젠가 남편이 비교적 좋은 소식을 전해 주길 기다려 볼 수밖에. 수술을 할 수 있을지 다음 치료를 이어 갈 수 있을지 결코 희망적이지 않다. 현대 의학이 발달했지만 어떤 이들은 여전히 절망을 마주한다.

장애인 환자와의 산책

의대를 졸업하면 흰 가운을 입고 수술에 집중하는 멋진 의사가 될 줄 알았다. 지금 나는 질병으로 움직이지 못하는, 혹은 더는 치료가 어려워서 난처한 환자들의 집을 찾아다니고 있다. 의사가 해야 할 역할 중에 이런 일이 있다는 걸 의대 신입생 시절에는 막연히 생각했다.

의대에 입학하면 보통 의료 봉사를 하고 싶다는 철없는 생각을 한다. 그렇게 어떤 분들의 집에 찾아갔다. 사고로 반신 마비로 지내는 영훈(가명) 님은 어머니와 함께 살고 있었다. 어머니는 의대생인 우리에게 커피를 타 주시며 반갑게 맞이해 주셨다. 어머니가 주신 커피를 맛있게 마셨다. 아직 의학을 배우지 않은 내가 보기에 그는 환자였다. 그런데 집에 있었다. 이상하다는 생각이 들었다. '왜 환자가 병원에 있지 않고 집에 있지?'

어떤 질환은 투병 이후에 후유증이 남을 수 있다는 점, 재활 운동을 해야 하지만 비용 등의 현실적인 문제로 재활하지 못한다는 점, 거동이 어려워 또 다른 건강 문제가 생길 수 있다는 점은 나중에 알게 되었다. 영훈 님이 매번 병원에 오가며 치료할 수는 없었다. 어쩌면 마비를 지닌 체 남은 인생을 살아야 한다. 어머니는 연세가 많아 그를 데리고 병원에 갈 수 없었다.

당시 누군가는 그와 같은 분에게 찾아가서 필요한 처치를 할 수도 있겠다는 생각을 어렴풋이 했다. 딱히 해 드릴 수 있는 일은 없었지만, 꾸준히 방문하며 전자 혈압계로 혈압을 재거나 말벗이 되어 드렸다. 산책을 하고 싶다는 영훈 님의 말에 그를 휠체어에 태우고 천변을 산책했다. 어머니 혼자서는 할 수 없는 일이었다. 다른 가족인 형이 있다고 들었지만 그는 동생을 돌보는 일에 소홀했다. 영훈 님을 치료할 수 있는 건 아니지만 잠시의 산책이 그의 마음에 작은 해방을 줄 수 있길 바랐다.

집에서 맞이하는 죽음에 대하여

의학 드라마에서 환자를 구하는 대학 병원 교수님은 의사로 살아가는 지금의 내가 봐도 멋지다. 두개골을 열어 뇌를 수술하고, 가슴뼈를 열어 뛰지 않는 심장을 마사지해서 살려 내고, 큰 사고가 나 온몸이 만신창이가 되어 응급실에 실려 온 환자들을 긴급 처치하는 병원의 의사들을 여전히 동경한다. 그들을 존경한다.

나는 내 의료 경험에 기반한 협소한 시각을 가지고 있다. 또 일반적인 일을 하는 의사는 아니다. 그래도 의료의 눈부신 발전과 의학 분야의 새로운 이야기를 들으면 설렌다. 다만 병원에서의 치료가 끝이 아니라는 점도 알고 있다. 환자의 삶은 치료 이후에 계속된다. 치료가 끝나고 집으로 돌아간 환자들의 모습은 때로 깔끔하지 않았고 외로웠고 힘겨웠다.

학창 시절 깊이 생각하지 않고 시작했던 봉사에서 환자들의 얼굴을 봤다. 아픈 얼굴을 마주하고 그의 말에 귀를 기울이는 시간에 어느새 빠져들었다. 의대를 졸업하고 의사가 되고 나서 발길이 닿지 않는 곳에 찾아가야겠다고 마음먹었다. 큰 도움이 되지 않을 걸 알지만 산책을 함께해도 좋겠다고 생각했다.

찾아야 할 환자들은 생각보다 많이 있었다. 때로는 아파도 집에 있을 수밖에 없는 사람들이 있다. 병원에서 "더 이상 해 드릴 수 있는 게 없어요. 이제 오지 마세요."와 같은 이야기를 들었다는 분들이 많다.

◦

기연(가명) 어르신이 그런 경우였다. 병원에서 오지 말라고 하는 환자에게 방문 의사인 내가 할 수 있는 처치 또한 없을 가능성이 높다. 그저 보호자의 이야기를 차분히 들었다. 첫 방문은 정신없이 끝났다. 어떻게 위로의 말을 전할지 어떤 처방을 할지 아무것도 결정할 수 없었다. 혼란스러운 마음으로 두 번째 찾았을 때, 보호자인 딸은 놀랍게도 내가 다녀간 후 마음이 편해졌다고 했다. 그 말에 덩달아 마음이 편해졌다. 꼼꼼히 진찰하고 약간의 약을 처방해 드렸다. 긴 시간은 아니었지만 몇 번의 방문을 했고 어르신은 편안히 생을 마감하셨다.

기연 어르신의 마지막이 여전히 생생하다. 내가 그분의 마지막 의사였다는 사실을 떠올리면 새삼 놀랍다. 기연 어르신뿐 아니라 꽤 많은 어르신의 마지막 의사 역할을 했다. 요즘에는 AI가 발달해 의사 역할을 대체할 수 있을 거라 전망하는 기사가 많이 보인다. 나로서는 도무지 이해가 되지 않는 부분이 있다. 아무래도 기사에서는 의사의 역할을 매우 협소하게 본 것 같다.

찾아가는 의사로서 말을 하지 못하는 환자의 상태를 살피고 보호자의 이야기를 듣는다. 때로 보호자는 눈물을 흘리기도 한다. 잘은 못하지만, 나는 위로의 말을 전하기도 한다. 비대면 진

료로는 확인할 수 없는 집 안의 냄새와 분위기는 그 공간에 가야 비로소 느낄 수 있다. 화면 너머 미지의 존재가 아닌 눈앞의 존재로서 환자와 보호자를 마주할 때 우리는 더 깊은 이야기를 나눌 수 있다.

미래의 의사에 대한 오해

미래 의사가 스마트할 거란 이미지는 오해일 가능성이 높다. 사실 지금도 마찬가지다. 외래 진료, 응급실 진료, 수술, 입원 환자 관리 등 의사의 일은 굉장히 고되고 때로 지저분하다. 또 환자를 보는 건 의사만이 아니다. 간호 처치가 필요하고 간병하는 이도 붙어 있어야 한다. 누군가는 병원 청소도 해야 하고 환자복을 포함해 잔해물의 빨래도 돌려야 한다. 중증 환자일수록 식사부터 씻기기, 대소변 처리까지 옆에서 챙기는 사람이 있어야 한다.

어쨌든 기술 발전으로 대부분의 진단은 AI 의사가 대체 할 수 있을 것이다. 알맞은 처방도 내릴 수 있다. 의학처럼 방대한 지식을 다루는 일은 인간보다 AI가 탁월할 수 있다. 지금 의사가 하고 있는 많은 일이 대체될 것이다. 사회의 여러 분야와 마찬가지로 의료에도 큰 변화가 일어날 것이다.

하지만 더욱 복잡해진 질병의 양상을 환자의 삶을 바탕으로 돌보고 죽음을 함께 맞는 일은 꽤 오랫동안 인간 의사의 일로 남을 것 같다. 환자가 평생 살아온 집에서 그의 죽음을 함께 맞이해 본 의사로서 생각하기에, 의사라는 직업은 '삶과 죽음을 끝까지 고민하는 사람'이라는 점에서 존재 의미를 찾을 수 있을 듯하다.

기술이 의료를 모두 대체할 수 있다면 삶과 죽음의 경계가 우리에게 전하는 의미는 사라져 버릴 수도 있다. 방문 의사는 많은 관심을 받는 직업은 아니다. 돈벌이가 되지 않는 고되고 귀찮은 일로 여겨지기도 한다. 그러나 기술이 쉽게 대체할 수 없는 일이라는 점에서 방문 의사의 존재 의미는 계속되지 않을까? 이 꽤 철학적인 질문을 마주하며 보람을 느낀다. 아픈 환자의 긴 삶을 공유받고 그것의 의미를 함께 탐구해 나간다.

의사의 일을 생각할 때
던져야 할 질문

의대에 진학하기는 매우 어렵다. 의사는 선망의 직업이다. 하얀 가운으로 상징되는 '멋짐'에 대한 선망. 생명과 관계된 일

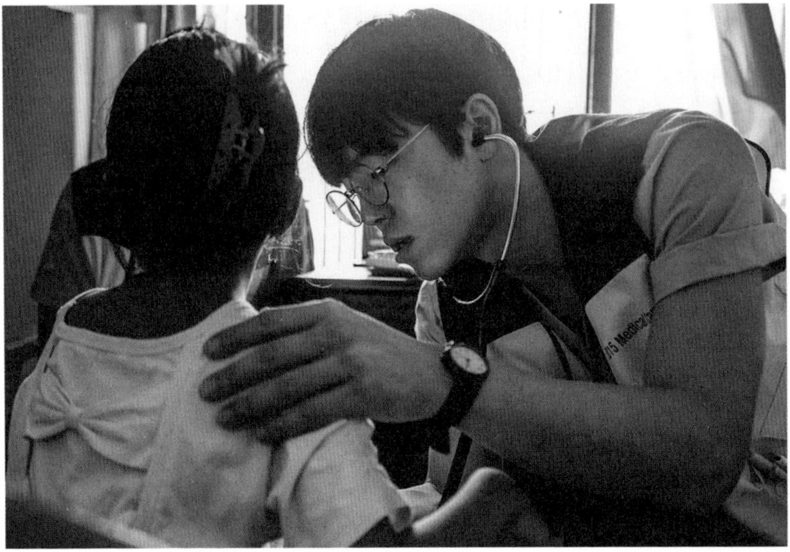

을 하기에 받는 존경. 여기에 경제적 부유함을 얻을 수 있다는 기대도 인기의 이유일 것이다.

다만 의사가 되기를 꿈꾼다면 직업을 선택하기 전에 삶 그리고 생명의 다함이 어떤 의미인지 생각해 보기를 권한다. 당장 진학과는 큰 관계가 없어 보이고, 쓸데없게 느껴질 수도 있다. 그러나 이 고민이 의사라는 직업이 나한테 맞을지 확인하는 과정을 도울 수도 있다. 생명에 대한 근본적인 사유는 의료인이 아니어도 누구에게나 필요하다.

건강하다는 말의 의미 역시 다시 생각해 보자고 말하고 싶다. '건강' 하면 멋진 근육을 가진 연예인이 떠오르기도 한다. 젊음이 건강의 상징처럼 표현되기도 한다. 그런데 도무지 그렇게 건강할 수 없는 상황의 환자들을 만날 때 나는 건강에 다른 의미가 있지 않을까 생각한다. 스스로 생을 마감하는 청소년이나 청년들의 이야기를 접할 때 무엇이 건강한 그들이 죽음에 이르게 했을지 화가 나기도 한다. 우리가 지금 건강이라는 단어에서 떠올리는 이미지는 환상일 수 있다. 환상은 깨질 필요도 있다.

세상에는 스스로 생을 마감하는 사람들이 있다. 회복되지 않은 손상과 함께 평생 살아가는 이들도 많다. 우리는 모두 늙고 나이가 들며 그 과정에서 서서히 신체 기능을 잃어 간다. 완벽한 건강을 추구하려 노력하기보다 아프고 늙어도, 회복되지 않는

손상에 눈물지어도 삶의 의미를 찾을 수 있으려면 우리에게 무엇이 필요할까? 외롭고 희망이라고는 없어 보이는 순간에도 서로를 위로하며 살아갈 힘을 얻는, '다른 건강의 사회'를 만들어 나갈 수는 없을까?

건강의 의미를 새롭게 정의하는 일은 지금 그리고 미래의 의사들에게 달려 있다. 의료인을 꿈꾸는 이들이 이 고민을 놓치지 말고 아픈 이들에게 위로가 되어 주길 바란다.

요리와 함께
삶도 무르익어요

재인

"학교에서는 배우지 않지만
살아가는 데 꼭 필요한 일이 있습니다."

채식요리사. '살아가는 일'이 그 자체로 예술이 되고, 일상이 곧 운동이 된다고 믿는 채소 생활자다. 살아가는 일이 본업이라고 생각하며 글을 쓰고 요리하고 달린다. 작가, 선생님으로도 불리며 요리 에세이 《채소의 계절》을 썼다.

나는 요리사가 맞을까?

아침에 일어나면 제일 먼저 주방으로 향한다. 미처 눈을 다 뜨기도 전에 냉장고를 열고 채소를 꺼낸다. 흐르는 물에 채소를 씻고, 손질하고, 칼로 썰고, 가스레인지에 불을 켜 요리하다 보면 어느새 잠에서 깬다. 이렇게 보내는 아침은 세상을 향해 기지개를 켜는 시간이다. 밤의 꿈나라에서 현실 세계로 돌아와 두 땅에 발을 붙이기 위한 접속의 시간이다.

어려서부터 아토피를 앓고 있는 나는 아침 시간을 그다지 좋아하지 않는다. 아토피는 불시에 찾아오는 질병 중 하나인데, 덜컥 간지러움으로 온몸을 지배해 잠을 이루지 못하게 한다. 그러니 컨디션을 충분히 회복하지 못한 채로 맞는 아침이 썩 기분 좋을 리 없고, 개운할 리도 없는 것이다. 이불 밖으로 나와 에너지가 채워지기까지 몇 시간 정도의 틈이, 버퍼링이 필요하다.

그 틈을 채소와 함께하는 시간이 부드럽게 메워 준다. 말없이 채소를 어루만지면서 시간을 보내면 몸이 조금씩 깨어나 언제 그랬냐는 듯이 가뿐해진다. 그렇게 점심을 준비해서 가족들과 밥상에 마주 앉으면, 세상과의 페어링 완료.

가끔은 당연하다는 듯이 주방에 서 있는 내 모습이 신기하다. 그럴 때면 곰곰이 생각해 본다. '언제부터 요리사가 되기로 작정했더라?' 돌이켜보면 요리사를 꿈꾼 적은 한 번도 없었다. 종일 주방에 서서 요리하는 나날을 보내면서도 내가 요리사가 될 수 있을 거라곤 생각하지 못했다(요리를 하는 사람이 요리사가 아니라면 대체 무어람?).

∘

3년 전쯤이었다. 지인들과 함께 사용하던 작업 공간에서 보름에 한 번 장터를 열었다. 그때 나는 고사리를 넣어 김밥을 싸고 몇 가지 채식 반찬을 만들어서 판매하곤 했다. 짬뽕을 만들어 먹으려다가 우연히 똠얌 수프를 만든 적이 있었다. 무척 맛있어서 레시피를 적어 두었다가 그대로 재현해서 장터에 참가한 날이었다. 장터에 방문한 손님 중 한 분이 인스타그램에 깔끔히 비운 그릇 사진과 함께 후기를 남겨 주셨다. "너무 맛있어서 국물 한 방울 남기지 않고 빵으로 싹싹 긁어 먹었어요, 요리사님." 내가 요리사로 호명된 첫날이다.

그러니 요리사라고 불리기 시작한 지 그리 오래되지 않았다. 처음 그분이 나를 요리사라고 불렀을 때는 '요리한 건 맞지만, 내가 요리사인가?' 싶어 얼떨떨했다. '아이, 내가 무슨 요리사야.' 하는 생각에 쑥스러웠다. 꽤 최근까지도 '요리사'라고 불릴 때마다 손사래를 치면서 요리사로서의 정체성을 부정하곤 했다. 공간을 얻어서 식당을 운영하는 것도 아니고, 요리를 전공하거나 이름을 대면 알 만한 코스를 밟아 온 사람도 아니기 때문이다.

그저 일상에서 자유롭게 채소로 요리하면서 떠오른 생각과 마주한 순간을 글로 적고, 사진으로 찍고, 레시피로 만들어서 '채소의 계절'이라는 이름의 인스타그램 계정에 공유했다. 가끔 팝업 식당이나 반찬 마켓에 판매자로 참여해 내가 만든 요리를 사람들과 나누고, 기회가 닿으면 강의할 뿐이었다. 이런 사람이 요리사라고 불려도 되는가에 대한 의문이 있었다.

요리사로 불리면서 동시에 '선생님, 작가님'이라고도 불리기 시작했는데, 이 모든 호칭이 어쩐지 내가 입을 옷은 아닌 것 같아 불편했다. 그 불편함에는 직업에 대해 오래도록 가져 온 고정관념도 한몫했다. 요리사는 뭐랄까, '대단히 귀한 재료를 쓰거나, 평범하지 않은 방식으로 특별한 순간에 어울리는 요리를 하는 사람'이라고 생각했다. 일류 레스토랑에서 요리한 경험이 있어야만 할 것 같았고, 그것도 아니라면 요리를 전문적으로 배운 사람이어야만 요리사가 될 수 있다고 믿었다.

그래서 매 끼니 밥상을 차리고, 사람들을 먹여 살리고, 재료와 음식의 노하우를 공유하면서도 나 자신을 감히 요리사라고 생각하지 못했다. 시간이 지나면서 많은 사람이 요리사라 불러 주고 요리하는 사람으로 대해 주니 지금은 이 정체성에 제법 익숙해졌다. 그러나 여전히 호칭이 그리 편하지는 않다. 왜 누군가는 요리사라고 불리고, 누군가는 그렇지 않은가에 대한 의문이 남아 있기 때문이다.

자신과 타인을 먹여 살리는 일

요리사는 전문가로 여겨지는 직종 중 하나다. 전문가라는 단어의 정의를 살펴보면 '어떤 분야를 연구하거나 그 일에 종사해 그 분야에 상당한 지식과 경험을 가진 사람'이라고 되어 있다.

그렇다면, 일상적으로 요리하며 자신만의 비결을 가지고 있는 가사 노동자들을 요리사라고 부르지 못할 이유가 없다. 사람들이 너무 당연하게 여겨서 노동의 대가에 임금을 지급하지도

않고, 그리하여 인정받지도 못하는 일을 묵묵히 이어 가는 이들. 하루하루 많은 사람의 생을 지탱하며 다년간의 노하우를 축적해 온 이 노동자들이야말로 전문가 아닐까? 다른 존재를 먹이고 살리는 그들이 있었기에 우리가 전문가라고 여기며 존경하는 많은 사람이 자기 분야에 매진할 수 있었을 것이다.

이쯤에서 직업이란 무엇인가에 대해서 생각해 보게 된다. 아마 과거에는 삶을 영위하기 위한 직접적인 행위, 생활과 가장 밀접한 일이 직업이었을 것이다. 현대에 와서는 기계로 대체되어 사라질 위기에 처했거나 푸대접을 받는 일이야말로 직업의 근본적인 속성을 포함하고 있지 않나 싶다. 집과 가구를 짓는 목수, 우리의 먹거리를 농사짓는 농부와 같은 직업들 말이다.

오늘날 요리사의 이미지는 온갖 화려함으로 뒤덮여 있지만, 요리의 본질은 결국 자신과 타인을 먹여 살리는 일에 가깝다. 그래서 누군가 나를 요리사라고 부를 때마다 이 이름으로 불리지 않는 많은 사람을 떠올리게 된다. '고작 내가' 싶어서 부끄러워진다. 동네 식당의 수많은 '이모', '저기요'로 불리는 종업원들, 이른 아침부터 출근해 음식을 만드는 시장 상인들, 가족을 먹여 살리고 있는 엄마들과 할머니들, 직함 없이 누군가의 먹거리를 위해 노동하는 사람들. 감히 그들 앞에서 나 따위가 요리사라고 불려도 되는지 의문이 드는 것이다.

동시에 그들과 나란히 서서 누군가를 먹여 살리고 있는 내 일이 못 견디게 뿌듯하다. 나의 몸을 움직여서 하는 정직한 노동이 자랑스럽다. 내가 하는 일이 생을 잇는 일이고, 삶에 꼭 필요한 일이라는 사실에 자부심을 느낀다. 학교에서는 배우지 않지만 이런 삶의 기술이야말로 살아가는 데 꼭 필요하지 않을까 하는 생각이 든다.

◦

돌이켜보면 16년 동안 학교에 다니면서 마음 한편에 늘 이런 의문이 있었다. '뭔가 더 중요한 게 있을 것 같은데. 이게 모든 진실은 아닐 것 같은데.' 성인이 되어 보니 정말 그랬다.

환경에 대한 문제나 정치적인 문제처럼 삶과 직접 연결되어 있는 일에 대해서도, 밥을 짓거나 빨래를 하고 물건을 고치는 일처럼 살아가는 데 필요한 기술도 학교에서는 가르쳐 주지 않았다. 어떤 풀은 먹을 수 있고 어떤 풀은 먹으면 안 되는지, 우리가 먹고 있는 고기는 어떤 환경에서 사육되며 어떻게 도살되는지, 감자는 언제 어떻게 심고 자라는지, 서로 다른 사람과 조화롭게 살아가는 방법은 무엇인지, 농인과 대화하는 데 필요한 수어 같은 것은 하나도 배우지 못했다.

돈을 많이 버는 직업을 가지려면 이름이 알려진 대학에 가야만 하고, 그러려면 수학이나 영어처럼 '중요한' 과목의 성적을 잘 받아야 하므로 전력을 다해 주어진 답을 외우고 시험을 치를 뿐이었다. 그래서 그런지 배움에 크게 흥미를 느끼지 못했다. 재미도 없고, 이게 정말 나한테 필요한 건지 의문이었다. 왜 해야 하는지 몰랐기에 잘하려고 노력한 적도 없었고, 잘할 수도 없었다. 그런 나의 모습을 좋게 바라보는 어른은 많지 않았다. 나조차도 내가 불성실하고 책임감이 없는 사람이라고 생각했다.

그러나 사회생활을 하면서 나의 생각이, 어른들이 틀렸다는 걸 알게 되었다. 일할 때는 누가 시키지 않아도 알아서 척척, 다른 사람이 보지 않아도 열심히 했다. 그저 내가 교과 과목을 싫어했을 뿐 불성실하고 책임감이 없는 사람은 아니라는 사실을 알게 되었다. 사람마다 귀찮아하는 부분이나 예민하게 생각하는 지점이 다른 것처럼 열심히 하고 싶고 잘할 수 있는 분야가 다 다르다는 것. 나에게는 나만의 성실이, 책임감이 있다는 것. 그러니 누군가 게을러 보이거나 무책임해 보여도 그이는 나름대로 자신만의 삶을 열심히 살아가고 있으리라는 것도.

학교를 떠나 비로소 배움의 갈증을 채우며 살아가고 있다. 일하고, 책을 읽거나 관심 있는 분야의 강연을 들으러 가고, 여러 모임을 통해 사람들과 만나면서 '이런 걸 학교에서 알려 줬다

면 참 좋았을 텐데.'라고 생각하곤 한다.

레스토랑 테이블에 그럴싸하게 차려진 식기 하나에도 사람의 정성이 깃든다는 사실을 일하면서 배웠고, 책장을 넘기며 나의 매일에 수많은 노동자의 땀방울이 녹아 있음을 조금이나마 들여다보게 되었다. 우리가 먹는 것이 어떤 과정을 거쳐 우리에게 도착하는지 다큐멘터리에서 봤고, 직접 농사를 지으며 감자 한 알이 얼마나 귀한지를 알게 되었다.

이렇게 여러 일을 거치고 흘러오면서 요리사가 되었다. 이제까지 지나쳐 온 많은 경험은 언뜻 요리와는 관계가 없어 보이지만 나의 요리 곳곳에 스며들어 빛을 발하고 있다. 그러니 살면서 하는 모든 경험이 나의 이력이고, 내 곁을 스쳐 가는 모든 이가 스승이다.

경계를 허무는
채식 요리

채식 생활도 그렇게 시작했다. 다큐멘터리를 보는 게 취미였는데, 어느 날 공장식 축산의 폭력을 화면으로 접했다. 영화 〈카우스피라시〉에 따르면 소고기를 생산하기 위한 공장식 축산의

탄소 배출량이 자동차, 트럭, 기차, 배, 비행기 등 교통수단이 내뿜는 배기가스보다 많다고 한다. 자동차나 비행기를 타는 것보다 햄버거 하나를 먹는 게 환경에 더 유해하다니 깜짝 놀랐다.

나는 어릴 때부터 물 대신 우유를 마실 정도로 유제품을 좋아했다. 건강에 좋다는 이유로 일부러 더 챙겨 먹기도 했다. 그런데 〈몸을 죽이는 자본의 밥상〉이라는 다큐멘터리에서 유제품이 고기보다 더 몸에 해롭다는 이야기를 접했다. 살면서 봐 온 수많은 광고가 떠올라 깊은 배신감을 느꼈다.

우유에는 인간 모유의 열 배에 달하는 성장 호르몬이 들어 있다. 인간이 아니라 송아지를 위한 것이기 때문이다. 어미 소가 젖을 짜내기 위한 기계에 혹사당해 생긴 고름과 질병에 걸리지 않도록 투여하는 약물 또한 우유에 녹아 있다. 육식의 그림자를 처음 알게 되었을 때는 정말 충격적이었다. 그 후로 더 적극적으로 채식 관련 다큐멘터리를 찾아보면서 채소 위주로 식단을 바꿔 갔다.

5년의 세월이 흐르는 동안 채소 생활을 해 오며, 먹는 것뿐만 아니라 삶을 대하는 태도도 많이 변했다. 나 자신을 더 섬세하게 감각하게 되었고, 몸과 마음의 소리를 들으며 남이 내게 준 메시지가 아닌 내면의 소리에 집중하게 되었다. 나와 무관한 것 같던 생명에게 관심을 기울이고, 그들을 차별하지 않으려고 노력하는 태도가 나의 삶도 자유롭게 해 주었다.

ㅇ

처음에는 '모두가 채식을 해야만 한다.'라고 생각했다. 만나는 이들에게 은근히 채식을 강요했고, 채식하지 않는 사람은 속으로 죄인 취급을 했다. 당시에는 수많은 말을 해도 내 말이 상대방에게 가닿지 않았다. "고기가 아니라 한때는 살아있던 생명이니 동물을 차별하지 말자."라고 하면서 눈앞에 있는 생명에 대한 존중은 눈곱만큼도 없었으니, 어쩌면 당연한 결과였을지도 모르겠다. 무슨 말을 해도 통하지 않다 보니 점점 입을 닫게 되었다.

그렇다고 소통의 창구마저 닫아 버린 것은 아니다. 말을 하는 대신, 만남의 기회가 있을 때마다 내가 만든 요리를 가지고 나갔다. 이 맛있는 걸 나 혼자 먹기에는 아까웠다. 채식이 맨날 풀떼기만 먹는 게 아니라는 걸 경험하게 해 주고 싶었다.

말 대신 음식을 주었을 뿐인데, 사람들은 채식에 대해서 다시 생각하기 시작했다. 채소로만 만든 거라고 하면 "맛있어서 고기가 안 들어갔는지 몰랐다."라며 놀라는 사람도 있었고, 요리 방법을 물어보고 직접 만들어 보는 이도 있었다. 내 뜻을 말로 전달하려 할 때는 아무도 설득되지 않았는데, 그저 삶을 즐겁게 살아가다 보니 주변 사람들도 점점 채식에 우호적으로 변화하기 시작했다. 조금 더 적극적인 관심을 갖게 되어 채식 생활을 이어 가고 있는 지인들도 있다.

말 대신 음식을 내어놓는 방법이 통할 수 있었던 것은 어떤 자리에서든 먹을 것이 있으면 조금 더 경계를 허물고, 서로에게 관대해지기 때문인지도 모른다. 먹는 것은 생을 이어 가기 위한 중요한 행위 중 하나다. 그러니 함께 먹는다는 것은 곧 함께 살아가는 것이다. 누군가 내 음식을 먹어 줄 때 이런 생각이 든다. 잠깐이지만 온전히 자신의 생을 내게 맡기는 것이라고. 내가 만든 음식을 아무런 의심 없이 먹으며 나를 믿는 사람들을 보면, 먹지도 못할 이상한 재료를 음식에 넣거나 허튼 마음으로 요리에 임하기는 어렵다.

직업을 잃어도 경험은
고스란히 남는다

누군가는 요리하는 일로 돈도 별로 못 버는데 당신이 무슨 요리사냐고 할 수도 있다. 그러나 나는 '생활할 만큼 돈을 버는가'가 모든 직업의 필요충분조건은 아니라고 생각한다. 돈이 모든 직업의 척도가 된다면 사기꾼이나 조폭도 직업이 될 수 있을 것이다.

내가 요리를 시작한 계기는 돈을 벌기 위해서가 아니었기에 돈을 벌고, 못 벌고는 크게 중요하지 않다. 할아버지와 아버지가 겪은 심혈관 질환의 가족력으로 내게도 유전적인 발병 가능성이 있을지 모른다고 생각했다. 채식을 시작하고 요리하게 된 건 살기 위해서였다. 만약 언젠가 요리하는 일로 수입이 없어지더라도 매일 주방에 서서 나와 나를 둘러싼 세상을 먹여 살릴 것이다. 밥벌이는 잃어도 밥은 잃지 않는 것이다.

요리사라는 직업을 잃더라도 이제까지 쌓아 온 경험과 지식이 고스란히 남아 일상을 지탱해 줄 거라는 사실이 묘한 안도감을 준다. 그래서인지 요리사로 활동하며 항상 두세 가지 일을 병행해 왔지만 크게 힘들지 않았다. '요리만 하고 살면 좋겠다.'라고 생각해 본 적도 없다. 오히려 좋았던 적이 더 많다.

편의점에서 일하면서 매일 컵라면과 삼각 김밥으로 끼니를 때우는 건설 노동자들을 만났다. 중년 아저씨들이 늘 말이 안 통하는 꼰대는 아니라는 것을, 내가 편견의 시선으로 그들을 납작하게 바라보고 있었다는 것을 깨달았다. 텔레마케터로 일할 때는 전화 거는 일이 별것 아닌 것처럼 보여도 굉장히 강도 높은 노동이라는 것을 알게 되었다. 설문지를 엑셀에 입력하는 코딩 아르바이트를 할 때는 효율을 높이려고 화장실에도 가지 않고, 물 한 모금 마시지 않는 나 자신을 보며 '빨리빨리'와 '능력주의'를 돌아볼 수 있었다.

◦

채소가 자라나는 데는 햇빛의 도움뿐만 아니라 흙, 미생물, 바람, 비, 그 외의 내가 알지 못하는 많은 요소가 필요하다. 요리할 때 중요한 감각은 미각만이 아니다. 색이 어떻게 변하는지 눈으로 보고, 귀로 소리를 듣고, 코로 향을 맡고, 피부로 온도를 느끼는 이 모든 감각이 조화를 이룬다.

나의 삶에서도 '요리하는 일'만 중요한 것은 아니다. 편안히 쉬고 자는 시간, 운동하고 책을 읽거나 영화를 보는 시간, 다양한 일을 경험하고 사람들을 만나는 시간도 있어야만 한다. 그러니 독자 여러분이 어떤 길이든 과감하게 내디디며 시행착오를 겪기도 하고, 쓰러졌다가도 일어나며 자기 몫의 삶을 맘껏 누리기를 바란다. 누구나 실패를 경험하더라도 다시 시작할 수 있도록 안전지대를 만드는 일이 기성세대의 역할 아닌가 싶다.

한여름, 뙤약볕이 내리쬐는 가운데 하루가 다르게 토마토의 낯빛이 달라지고 있다. 어제는 연두색이던 것이 오늘은 노란색

이 되고, 어제는 노란색이던 것이 오늘은 주황색이 되는 날들이다. 날이 다르게 채소가 익어 가듯이 요리와 함께 내 삶도 무르익고 있다.

언어 안에서 먹고, 살고, 미워하고, 사랑합니다

노지양

"번역가에게 가장 필요한 자질은 무엇보다 끈기랍니다."

번역가. 《나쁜 페미니스트》《하버드 마지막 강의》《동의》《메리는 입고 싶은 옷을 입어요》 등 다양한 장르의 영미권 도서 100여 권을 우리말로 옮겼다. 에세이 《먹고사는 게 전부가 아닌 날도 있어서》《오늘의 리듬》《우리는 아름답게 어긋나지》(공저)를 썼다. 매일 책을 읽고 글을 쓰고 번역하는 생활에서 보람과 기쁨을 느끼고 있다.

꼬부랑글씨와
사랑에 빠진 순간

가을 아침 창문을 열고 코로 공기를 들이마시면서 나도 모르게 'crisp'이라는 단어를 떠올린다. 영한사전에서 crisp은 '바삭바삭한'이란 뜻이지만, 'crisp air, crisp sky'처럼 날씨를 묘사할 때 자주 쓰인다. 건조하고 청명하고 상쾌한 날씨 정도로 번역하는데 "공기가 바삭거리네. 풋사과처럼 아삭거리네."라고 혼자 중얼거려 본다.

근래 새 작업 공간으로 출근하면서 'navigate(항해하다)'라는 단어를 생각했다. 동네 맛집을 개척하고 요가원을 바꾸는 등 일상을 정비하면서 배를 타고 강물을 따라 여행하는 기분이 들었다. 보통 navigate를 "인생을 헤쳐 가다."라고 번역하곤 하는데 항해나 여행을 결합시킨 더욱 절묘한 표현이 없을까? "나만의 지도를 만들어 가다."는 어떨까? 일하지 않을 때도 영어와 한국어를 오가면서 단어나 표현을 궁리하고 있으니 영락없는 번역가의 머릿속이다. 미국 드라마를 보다가 "oh my god."을 "가지 가지 하네."로 번역한 자막을 보며 잘 어울린다며 웃기도 하고, 처음 듣는 재미난 사투리는 바로 핸드폰 메모장에 적어 놓는다.

번역가와 작가는 대체로 어린 시절 책을 좋아했다는 공통점이 있지만 상상력과 감수성이 풍부하면 작가를 꿈꾸고 언어에 재능을 보인다면 번역이나 통역 분야를 고려하게 되지 않나 싶다. 전 세계의 번역가들을 인터뷰한 책에서도 번역가가 된 계기를 물으면 하나같이 "어렸을 때부터 외국어에 관심이 많았고……."로 시작한다. 내 주변 번역가들도 외국어 하나로 만족하지 못해 다른 언어를 기웃대며 시간이 나면 일본어나 프랑스어 학습 앱에 등록하는 이들이다.

나는 중학교 때 "How are you?" "Fine, thank you."부터 시작하는 영어 교과서로 처음 영어를 접했다. 지금 생각해 보면 그 꼬부랑글씨들을 보는 순간 단번에 사랑에 빠졌다. 수학자들이 칠판에 빼곡히 쓰인 수학 공식을 아름답다고 표현하듯이 영어 선생님이 분홍색, 하늘색, 흰색 분필로 판서한 가정법이나 수동태 예문들을 보며 아름답다고, 내 걸로 만들고 싶다고 느꼈으니 말이다.

자연스럽게 영문과에 진학했지만 대학 시절에는 주로 한국 문학에 빠져 살았고 졸업 후에는 라디오 방송국에서 4년 정도

작가로 재미나게 일했다. 임신과 출산 이후 한 문화센터의 번역 수업을 들은 후부터 번역가가 내 천직이라 믿으며 달려와 현재까지 100권이 넘는 책을 번역했다. 딸의 만 나이로 일한 햇수를 계산하는데, 올해 아이가 만 19세가 되니 번역 경력도 19년에 가까워지고 있다.

학자와 기술자와 예술가의 중간쯤에 있는 수공업자

내가 가장 좋아하는 번역가에 대한 정의는 김화영 선생님의 "박식한 학자와 기술자(언어학자)와 영감 넘치는 예술가(작가)의 중간쯤에 위치한 수공업자."이다. 매일 책상에 앉아 문서 작업을 반복하고 있을 때는 수공업자에 가깝다. 출판사에서는 이메일로 PDF 파일 원고를 보내 주지만 아직 아날로그 방식을 좋아하는 나는 종이 책이 올 때까지 기다렸다가 연필로 표시해 가며 읽은 다음 한 문장 한 문장 한국어로 옮긴다.

하루 최소 5시간에서 최대 8시간은 독서대 위의 책을 읽고 컴퓨터로 사전을 찾거나, 구글 검색을 하거나, 문장에서 주어를 빼거나, 'she'를 선생님이나 엄마로 바꾼다. '~에 대해'나 '~하는 것'을 되도록 없애 문장을 깔끔하게 만들고 의성어와 의태어, 사자성어나 속담을 찾아 헤매고 있으면 잠시 국어선생님이 된 것 같기도 하다.

가끔은 노랫말을 만드는 작사가가 되기도 한다. 《내털리 포트먼의 새로 쓴 우화》라는 책은 배우 내털리 포트먼이 고전 동화를 현대적으로 다시 쓴 책이다. 모든 문장에 시처럼 라임(rhyme)이 있었는데 편집자는 원서의 운율을 살리길 원했다. 하지만 걱정 없었다. 영어에 라임이 있다면 우리말에는 글자 수와 어미의 마법이 있으니까.

각각 'shy, cry'로 끝나는 두 문장은 "너무 답답해, 울면 어떡해."로 옮겼다. "할 말이 전혀 없습니다. 할 일이 많을 뿐입니다." 처럼 문장 형식을 통일하기도 했다. 그 밖에도 "안전해져, 견고해져. 빠졌어요, 팔렸어요. 즐겼어요, 흘렸어요. 하품이 나와, 춤과 노래가 나와. 멋쟁이지, 매력적이지." 등의 단어로 리듬을 살렸다. 이렇게 글자 수를 맞추고 끝소리를 통일시킨 다음 소리 내어 읽어 보니 마치 동화로 쓴 랩 가사 같았다.

영감 넘치는 작가까지는 아니지만 작가의 마음이 되어야 하는 순간도 있다. 안데르센의 《성냥팔이 소녀》를 재해석한 현대 동화 《성냥팔이 소녀의 반격》에서 주인공 브리디는 마차 사고를 당해 신발과 성냥을 잃어버린 후 눈보라 속에서 이렇게 외친다.

"Life is so unfair!"

'unfair'라는 단어는 '부당하다, 불공평하다.'라는 뜻으로 조금 더 나아가면 '억울하다, 속상하다.'도 생각해 볼 수 있다. 그런데 나는 캄캄한 밤에 신발도 없이 차가운 바닥에 앉아 꽁꽁 언 손을 불고 있는 소녀를 상상했다. 그때 이 소녀가 "부당해."라고 말했을까? 소녀의 심정을 보다 실감 나게 표현하고 싶었다. 19세기 아동 노동자들의 처참한 현실을 생생하게 전달할 수 있는 방법은 무엇일까? 고민 끝에 "산다는 건 왜 이리도 힘든 걸까?"라고 옮겼는데, 서평을 검색하다가 어떤 독자가 이 문장에 밑줄을 그어 놓은 것을 보고 뿌듯했다.

○

다양한 작업을 하다 보면 '호소력 짙은 가사, 괄목할 만한 성장'처럼 보다 더 '한국어다운' 관용구를 찾기도 하고 때로는 '리더(leader)'라는 단어를 '대부'로 바꿀 수도 있어야 한다. 이런 일을 챗 GPT나 구글 번역이 해낼 수 있을까? 솔직히 말하면 하루 한 페이지라도 더 나가고 싶어 바쁘게 일할 때는 인공지능의 위협에 대해서 생각할 겨를조차 없다.

한번은 공공기관에서 요청한 문서를 번역할 일이 있었다. 정확성을 자랑하는 디플(deePL)과 구글 번역도 참고하고 챗 GPT에게 "번역해 줘(translate)."라고 명령한 다음 한 문단씩 입력해 봤다. 몇 년 전의 번역기에 비해 자연스럽고 매끄러워진 문장과 적확한 단어 선택에 놀라긴 했지만, 내가 한 번역과 비교해 읽어 보니 여전히 어딘가 어색하고 읽기가 불편했다. 나밖에 모르는 차이일까? 아니라고 생각했다. 결국 번역기를 닫아 버리고 원문만 보면서 일하니 작업에 더 속도가 붙고 결과도 만족스러웠다.

물론 나날이 발전하는 번역 툴은 우리에게 도움을 준다. 해외여행을 편리하게 해 주기도 하고, 나 역시 영어 메일을 써야 할 때마다 번역기의 도움을 받는다. 그러나 출판 번역, 특히 내가 주로 작업하는 소설이나 에세이 같은 문학 분야에서는 번역가의 해석과 경험, 감성과 이성을 최대한 활용해 원문에 충실하면서도 자연스러운 우리말로 바꾸는 고전적인 방법이 아직은 옳다고 생각한다.

특히 한국어에는 존댓말이 존재한다. 또 '고맥락 언어'라서 어떤 대화에서도 어감이 중요하다. 이른바 '개떡같이 말해도 찰떡같이 알아듣는(옮기는)' 일을 번역가도 해야 한다. 한 과학책 번역가는 오류와 편견을 줄이기 위해 번역기를 참고했는데 문장이 조금만 복잡해지면 엉뚱한 번역을 해서 별로 참고가 되지 않는다고 한다. 물론 어려운 문장 풀이나 자료를 검색할 때 챗

GPT를 적극 활용하는 동료도 있다. 어쩌면 번역기가 지금보다 똑똑해지길 누구보다 기다리는 건 우리 출판 번역가들일지도 모르겠다.

번역가의 삶에서 가장 사랑스러운 요소는

외서 출판 과정은 보통 이렇다. 출판사에서 이메일이나 전화로 번역가에게 일을 의뢰하면 일정을 맞추고 단가를 협의한 뒤 계약서를 작성한다. 작업한 1차 번역 원고를 한글 파일로 출판사에 보내면 출판사에서는 원고를 검토하고 문의 사항을 보내온다. 이 단계에서 편집자와 의견을 나눈다.

그 후 출판사에서 책의 성격에 맞춰 판형이나 서체 등을 디자인한다. 디자인을 거친 파일을 종이에 출력한 것을 '교정지'라고 부르는데, 역자 교정지가 오간 뒤 담당 편집자로부터 역자 소개 문구를 보내 달라는 메일이 오면 책이 나올 때가 되었다는 뜻이다. 대략 200자 원고지 1,000매가량의 원고를 한 달 반 안에는 끝내서 일 년에 최소 예닐곱 권 이상의 책을 번역하는 게 나의 목표다.

"그래서요, 번역가는 얼마를 버나요? 월수입은 어느 정도인가요?"

드디어 피해 갈 수 없는, 많은 이가 궁금해하는 질문이 나왔다. "번역가는 돈을 적게 버는 직업이다."라는 통념을 확인하는 사례는 얼마든지 들 수 있지만 이 자리에서 나는 방어하고 싶다. 나와 동료들을 감싸고 위로하고 희망을 주고 싶어진다. "그래도 우리는 길고 가늘게 일하거든요?"

번역을 시작한 이래 임신과 출산 몇 개월을 제외하고는 경력 단절 없이 일을 지속해 왔다. 단 한 달도 무급이었던 적은 없었다. 적게라도 항상 돈을 벌고 있다는 느낌. 하루치 일을 하고 한글 창을 닫기 전 원고지 매수를 셀 때의 보람. 거북이처럼 느리지만 꾸준하게 앞으로 나아간다는 의식. 정직한 노동의 값이 내 통장에 들어올 것이라는 확신을 사랑했다. 앞으로 10년 더 일할 수 있다면 은퇴기라고 할 수 있는 60대에도 번역을 하고, 기고를 하고, 독자들도 만날 수 있지 않을까? 그때 가서 이 일의 부가가치를 다시 평가해 보고 싶다.

근래에는 번역가의 잠재력을 적극 활용하려는 출판사나 기획사들이 있어 번역가들에게 가외 수입의 기회가 열리고 있다. 나의 경우 에세이를 세 권(한 권은 공저) 쓰고 화제가 된 책을 번역한 덕분인지 라디오 방송, 북 토크, 강연, 영화 GV 등에 연사

로 초대받기도 한다(물론 내성적인 번역가들은 청중 앞에 나서는 일을 거절하기도 하지만 저는 아무래도 관심을 받고 싶은가 봅니다). 여러 매체에서 꾸준히 칼럼도 집필하고 있다.

또 다른 길이 열릴 수도 있다. 언젠가 필명으로 장편소설을 써서 베스트셀러가 될 수도 있지 않을까? 책을 낭독하는 내 목소리가 얼마나 고운지 알아보시는 분께 발탁되어 오디오북을 낭독하게 되지 않을까? 한때 몸담았던 라디오 방송국에서 DJ를 하게 될 날이 온다면 얼마나 좋을까(아무 말이나 해 보고 있습니다)?

매사 어설프고 재능과 매력이 부족한 나를 두고도 이렇게 다양한 가능성을 상상이라도 할 수 있게 된 건, 이제는 먼지 쌓이고 놓을 자리도 부족해 창고에 쌓아 둔 나의 번역서들 덕분이다. 마감에 짓눌려 악몽을 꿔 가면서 편집자와 함께 단어 하나로 며칠씩 고민하며 야심 차게 내놓은 책이 독자들에게 외면당해 실망한 적도 있다. 그럼에도 아침에는 책을 펴고 번역을 하고 글을 썼다. 번역가에게 가장 필요한 자질은 무엇보다 끈기다.

o

요즘 나는 20여 년이나 유지해 온 직업에 대한 부정적인 생각은 되도록 줄이려고 하고 있다. 여전히 업계 동료를 만나면 출판계의 암울한 현실이나 제자리인 번역료에 관해 푸념하며 익숙한 자기 비하에 빠지기도 한다. "과거로 돌아간다면 이런 직업을!"이라는 타임 슬립 드라마를 여러 편 써 본 것도 사실이다. 그러나 나는 번역에게 너무 많은 것을 받았고 번역을 통해 성장했다.

흥이 난 김에 번역가로 산다는 것의 장점을 몇 가지 더 꼽아 보겠다. 첫 번째, 외국어 실력이 계속 업데이트 된다. 지하철을 탈 때나 집안일을 할 때 영어 팟캐스트를 자주 듣는데 리스닝이 완벽하게 되어 놀라곤 한다. 영어 팟캐스트에서만 접할 수 있는 재미난 표현을 들으면 글 쓸 때 활용해야겠다고 생각하며 기록해 둔다. 외국어에 능통하면 세계는 그만큼 넓어지고 풍성해진다.

두 번째, 한국어가 얼마나 아름답고 활용성과 잠재력이 풍부한 언어인지 매일 새로이 발견하고 있어서 즐겁다. 또한 언어로 내 감정과 사고를 수월하게 전달하는 능력을 벼릴 수 있다. 억울한 일 앞에서 언어로 무장할 수 있어서 다행이라 생각한 적이 여러 번 있다.

그중에서도 가장 사랑스러운 요소를 꼽으라면 책에 둘러싸인 삶을 살고 있다는 것이 아닐까. 매일 일정 분량의 책을 읽고 평소 좋아하는 번역가나 영미권 작가들의 신간이 나오면 찾아

Ain't I a Woman
Bad Feminist
THE ATTACHMENT EFFECT
The Little Match Girl Strikes Back

본다. 에세이 필자이자 애독자이기에 최근 출간되는 에세이에 늘 관심을 둔다. 독서는 자료 조사이자 밥벌이에 직접적으로 도움이 되는 일이라 생각해 얼마든지 욕심을 낸다.

그리고 마지막이지만 절대 놓칠 수 없는 장점(last but not least, 자주 쓰이는 표현입니다), 출근을 하지 않는다! 일요일 저녁이 괴롭지 않다. 고약한 상사도 얄미운 동료도 없다. 외로움이 있긴 한데 외로움과는 이미 친구가 되었다.

'navigate' 하며
새롭게 그려 나갈 나의 일

몇 년 전에 가르쳤던 수업을 통해 번역가로 데뷔한 나의 첫 제자를 최근에 만났다. 비슷한 옷을 입고 비슷한 머리 스타일을 하고 똑같은 우산을 들고 온 우리는 서로를 바라보며 깔깔 웃었다. 나보다 열 살 어리고 놀랄 만큼 나와 유사한 환경 속에서 번역을 시작한 그 제자를 만나는 두 시간 남짓, 이상할 정도로 특별하고 흡족한 기분에 사로잡혀 계속 웃음이 삐져나왔다. 물론 제자가 준비해 준 살뜰한 선물과 진심 어린 편지, 나를 무조건 좋아해 주는 그 마음에 우쭐해지지 않았다면 거짓말이겠지만 그 이상이 있었다. 아침에 일어나면 번역이 날 기다리고 있어서 얼마나 좋은지를 실컷 이야기할 수 있어서였다.

《무라카미 하루키 잡문집》 중 〈번역하는 것과 번역되는 것〉이라는 글에 이런 부분이 있다.

> "훌륭한 번역에 필요한 요소는 두말할 필요 없이 어학 실력이겠지만, 그에 못지않게 – 특히 픽션의 경우 – 나름의 편파적인 사랑이 필요하지 않을까 생각합니다. 극단적으로 말해 그것만 있다면 나머지는 아무것도 필요하지 않다는 생각까지 듭니다. …… 편파적인 사랑이야말로 내가 이 불확실한 세상에서 가장 편파적으로 사랑하는 것들 중 하나입니다."

후배는 생글생글 웃으며 말했다.

"그래도 번역이 너무 좋은걸요. 행복해요. 열심히 해 보려고요."

번역의 매력에 빠지면 헤어 나오지 못하는 사람들이 여전히 있고 이들이 한국 출판계를 좋은 방향으로 살린다고 믿는다. 제자에게 도움이 되기 위해서라도 현업에서 오래 일하는 선배가 되고 싶다. 계약서를 꼼꼼히 살펴본 뒤 번역가에게 불리한 사항은 수정을 요청하고 번역료 협상을 잘하면서 업계의 현실 개선에 조금이라도 힘을 보태고 싶다. 번역가가 할 수 있는 일의 영역을 넓히고, 번역가에게 해외에 머물며 문화와 언어를 익힐 기회를 제공하는 프로그램에도 도전하고 싶다. 앞으로도 열심히 'navigate' 하면서 번역가라는 직업의 지도를 새롭게 그려 갈 것이다.

동물을 좋아하는 마음이 전부는 아니랍니다

이순영

"동물트레이너는 '왜'와 '어떻게'라는 질문을 늘 마주해야 합니다."

동물트레이너. '동물훈련'이라는 기술을 도구로 인간 그리고 인간과 함께 사는 동물을 위해 활동하고 있다. 사육곰을 구조하고 생크추어리 건립을 준비하는 곰 보금자리 프로젝트에서 활동한다. '올어바웃 애니멀 트레이닝(AAAT)'이라는 이름으로 동물과 함께 사는 보호자, 트레이너, 사육사의 훈련을 돕고 있다.

'훈련'이란 말은 어울리지 않아

나는 동물트레이너다. 직업을 이야기하면 사람들은 주로 TV나 인터넷에서 보는 '개나 고양이를 훈련하는 사람'으로 이해한다. 나는 훈련보다는 트레이닝이라는 단어를 선호한다. 영어 단어 'Train'에는 '교육시키다, 훈련시키다.'라는 의미가 포함되어 있다. 사람들은 동물과의 관계에서 훈련이라는 말을 더 익숙하게 받아들인다. 그럼에도 굳이 트레이닝이라고 표현하는 데는 나름의 이유가 있다.

사람들은 어떤 표현을 사용할 때 사전적 의미뿐만 아니라 연상되는 이미지도 고려한다. 훈련의 사전적 의미는 다음과 같다.

1. 기본자세나 동작 따위를 되풀이하여 익힘.
2. 가르쳐서 익히게 함.
3. 일정한 목표나 기준에 도달할 수 있도록 만드는 정신적 또는 기

술적 교육 활동.

훈련이라는 단어를 들으면 머릿속에 일방적인 관계나 강압적인 이미지를 떠올리기 쉽다. 이 표현을 많이 사용하는 군대의 영향이 클 것이다. 군대에는 계급이 존재하고 하급자는 상급자의 명령을 따라야 한다. 상급자의 명령을 어기면 하급자는 처벌받는다.

동물훈련이 쌓아 온 이미지도 크게 다르지 않다. 그동안 미디어에 비친 동물훈련은 인간과 동물이 상하관계로 정의된 모습이었다. 상하관계에서 말을 듣지 않는 동물을 처벌하는 것은 이상해 보이지 않았다.

동물트레이너는 과거나 지금이나 동물의 감정과 행동에 변화를 불러일으키는 일을 한다. 과거의 동물훈련은 동물을 지배하거나 이용하기 위한 수단이었다. 오늘날 동물훈련이 이전과 다르다면 훈련사는 증명할 수 있어야 한다. 나는 동물의 존재가치를 인정하고 인간과 동물의 신뢰 관계를 유지해 나가는 동물훈련을 보여 주고 싶다. 트레이닝이라는 생소한 표현을 쓰는 이유는 동물훈련을 새로운 시선으로 바라봐 주길 바라기 때문이다.

고민을 멈출 수 없는 직업

동물트레이너가 하는 일이 넓은 의미에서 동물의 감정과 행동에 변화를 불러오는 것이라면 더 자세한 분류에는 '왜'와 '어떻게'라는 질문이 포함된다. 트레이너는 이 두 가지 질문에 담긴 무게감을 평생 마주해야 한다. 괴롭더라도 피하지 말고 말이다.

나는 군대에서 군견병으로 일하며 동물훈련을 시작했다. 전역을 앞둔 선임은 군견을 인수인계하기 전에 개를 훈련하는 법을 알려줬다. 선임이 알려준 훈련 방법은 주로 강압적이었다. 개가 말을 듣지 않으면 발로 차기도 했으며 막대기로 개를 위협하기도 했다. 개는 사람이 원하는 행동을 할 때까지 혼이 났다. 개에 대해 아무것도 모르는 나도 개가 겁을 먹었다는 것은 충분히 알 수 있었다.

거부감이 들었지만 배운 대로만 훈련해야 했다. 훈련은 그다지 효과 있어 보이지 않았다. 개는 스스로 원해서 행동하지 않고 무서워서 행동했다. 무엇보다도 개에게 미안하고 자괴감이 들었다. 훈련이 끝나면 선임 몰래 개에게 간식을 주며 아무 의미도 없는 사과를 반복했다.

훈련에 익숙해지면서 습관은 무섭게 자리를 잡았다. 선임이 전역한 후에도 그가 알려준 방법대로 개를 훈련했다. 여전히 미안함과 자괴감을 느꼈지만 괴로움에서 벗어나는 속도는 점점 빨라졌다. 눈치를 채지 못한 것인지 애써 등을 돌린 것인지 동물을 대하는 나의 태도는 변하고 있었다. 처음에는 처벌하면서 미안한 감정을 느꼈지만, 시간이 지날수록 개가 말을 듣지 않으면 화가 났다.

군견병으로 일하기 시작한 지 6개월 정도 흘렀을 무렵이었다. 그날도 여느 때와 마찬가지로 '내 개'를 훈련하고 있었다. 기분이 좋지 않았던 일 때문에 훈련하기 전부터 짜증이 난 상태였다. 나는 개가 제대로 행동하지 않으면 평소보다 더 폭력적으로 처벌했다. 아마 그 모습을 누군가 봤다면 개를 학대하고 있다고 생각했을 것이다.

훈련이라는 이름의 폭력이 끝나고 나를 두려워하는 개의 눈을 봤다. 생각해 보면 개의 실수는 별거 아닌 일이었다. 나는 다른 일로 받은 스트레스를 괜히 개에게 풀고 있었다. 앞으로 더 잔인해지고 동물의 고통에 점점 무뎌질까 봐 겁이 났다. 그날의 충격 이후로 '어떻게' 동물을 훈련하는 것이 맞는 걸까 고민이 시작되었다.

내가 생각하는 '훈련' 정의하기

동물훈련에는 합리적이고 과학적인 근거가 있어야 한다. 동물의 학습은 인간과 크게 다르지 않다. 교육학에서 다루는 학습심리는 대부분 동물을 훈련할 때도 적용된다. 사람마다 효과적인 학습 방법이 다르기에 교육자는 학생에게 맞는 교육 방법을 찾고 적용한다. 동물트레이너도 동물에게 맞는 훈련 방법을 찾아 적용해야 한다. 이를테면 개 두 마리의 행동이 겉으로는 같아 보여도 원인이 다를 수 있다. 원인은 같지만, 표현하는 방법이 서로 다를 수도 있다. 동물 개체에 따라 이해하는 정도와 방식이 다르니 훈련하는 방법 역시 달라져야 한다.

과학적 발견과 전에 없던 기술이 끊임없이 등장하는 오늘날 동물 연구가 발달하면서 동물을 훈련하는 방법도 바뀌고 있다. 새로운 지식을 적극적으로 수용하는 자세가 개인의 성장에 중요하다는 것은 누구나 알지만, 실천이 어렵다. 심리학에는 '인지 부조화(cognitive dissonance)'라는 개념이 있다. 인지 부조화란 자신이 믿어 왔던 신념과 어긋나는 사실을 만나면 심리적으로 불편함을 느끼는 현상을 말한다. 인지 부조화 이론에 따르면 사람은 이러한 불편함을 해소하려고 새로운 사실을 적극적으로 피하거나 자신과 맞는 정보에 집중해 신념을 강화하려는 경향을 보인다.

동물의 행동을 바꾸는 것에 익숙한 트레이너도 자신의 행동을 바꾸기는 쉽지 않다. 문제가 발생할 때 더 나은 방법이 있음에도 동물트레이너가 변화의 길을 택하지 않는 경우도 있다. 나 역시 종종 내 생각과 다른 사실이나 의견을 경계하고 배척하는 마음이 생긴다. 동물훈련은 다른 존재의 삶에 영향을 주는 일이기에 트레이너가 자신의 생각과 결정을 객관적으로 돌아보는 '나에 대한 훈련'이 꼭 필요하다.

합리적인 근거가 있는 방법이라면 동물훈련은 효과가 있다. 하지만 훈련 방법을 결정할 때 효과성이 전부는 아니다. 효과가 있더라도 학습자가 정신적, 신체적 문제를 겪는다면 좋은 훈련 방법이라고 할 수 없다. 대안을 찾으려는 노력 없이 효과만으로 동물에게 강압적인 방법을 선택하는 것은 최선이 아니다. 훈련은 효과적이고 인도적이어야 한다. '왜' 그리고 '어떻게'라는 질문은 훈련이 인도적이어야 하는 이유를 말해 준다.

°

왜 동물을 인도적으로 훈련해야 할까? 먼저 인간이 동물과 함께 사는 이유를 생각해 보면 좋겠다. 반려동물이 사람과 함께 사는 이유는 사람의 행복을 위한 것일까? 동물원에 사는 야생동물은 왜 갇힌 상태로 인간과 함께 살아야 할까? 인간의 행복과 이득만으로 동물을 곁에 두거나 동물의 존재 가치를 낮게 평가할수록 인도적인 훈련의 필요성은 떨어진다.

동물과 공존하는 삶에서 발생하는 고민을 해결하려면 '어떻게' 해야 할까? 사람을 무는 개를 훈련해야 한다는 것에 모두가 동의하지만, 개를 훈련하는 방법을 선택할 때는 크게 나뉜다. 개가 사람에게 종속되는 관계라면 개는 인간이 정의한 '문제 행동'을 '감히' 할 수 없으며 이러한 기대에 어긋나는 행동은 서열에 대한 도전으로 해석된다. 서열은 대부분의 문제 행동 원인을 간단하게 설명한다. 따라서 훈련 방법도 개를 강압하고 처벌하는 획일적인 대처로 이어지기 쉽다.

처벌로 문제 행동이 사라졌다면 개는 처벌이 무서워서 잠시 행동을 멈춘 것이지 원인이 해결된 것은 아니다. 문제 행동은 오히려 악화된다. 만약 특정 대상이 두려워서 무는 개가 있을 때, 무는 행동을 할 때마다 강제하고 위협한다면 개의 두려움은 더 커질 수밖에 없다. 사라졌다고 생각한 행동은 주변의 처벌이 없거나 개의 두려움이 커지면 예측하지 못한 순간에 더 심각한 모습으로 다시 나타난다.

인간과 함께 사는 동물은 신뢰가 필요하다. 인도적인 훈련은 사람과 동물 사이에 신뢰를 형성한다. 인도적인 방법이 강압적인 방법보다 문제 해결에 더 효과적이다. 동물도 사람처럼 믿을 수 없으면 멀어지려 하고 믿을 수 있는 대상에 가까워지고 싶어 한다. 동물이 보이는 행동은 사람이나 주변 환경에 대한 신뢰를 반영한다. 신뢰를 느끼는 동물은 공격적이거나 경계하는 행동을 보이지 않는다. 처벌로 무너진 신뢰는 인간과 동물의 관계에서 다른 문제를 불러일으킨다.

'왜'라는 질문은 인간이 제시하는 행동을 동물이 배워야 하는 이유도 묻는다. 동물트레이너는 강압적인 방법 없이도 동물에게 다양한 행동을 가르칠 수 있다. 동물은 사람이 정한 특정 행동을 할 때마다 좋아하는 보상을 받으면, 다시 보상을 얻으려고 그 행동을 반복한다. 개가 줄넘기를 하고, 돌고래가 사람을 등에 태우고 수영하고, 곰이 방문객을 향해 손을 흔드는 것처럼 우리가 재미있고 신기하다고 생각하는 행동 대부분을 강제하지 않고 보상만으로 훈련할 수 있다.

나도 훈련을 배우기 시작하면서 더 복잡하고 화려한 행동을 동물에게 가르치고 싶었다. 어떤 행동을 가르치든 강요하는 것이 아니라면, 동물이 스스로 그 행동을 원하면 문제가 아니라고 생각했다. 하지만 어느 날 봤던 영상 하나가 나에게 '왜'라는 질문을 던졌다. 영상에는 경주견들이 경주하는 모습이 담겨 있었다. 경주견은 더 빠르게 달리도록 훈련받는다. 훈련은 보통 개가 빠르게 움직이는 물체를 쫓는 사냥 본능을 이용한다. 개는 움직이는 물체를 쫓기를 원하고, 훈련사는 행동을 부추긴다.

영상에서 빠르게 결승선을 통과한 개들과 다르게 한참이나 뒤에서 뛰고 있는 개 한 마리가 눈에 띄었다. 개는 뒷다리 하나가 부러진 상태로 달리고 있었다. 많은 경주마나 경주견이 다리가 부러지는 사고를 겪는다. 다리가 견디지 못할 정도로 빠른 속도로 달리기 때문이다. 개가 부러진 다리로 끝까지 결승선을 통과하는 모습을 보면서 나는 그동안 어떤 이유로 동물의 행동을 훈련해 왔는지 답해야 했다. 방법이 어떻든 그 이유는 동물을 위한 것이 아니라 나를 위한 것이었다.

과거에는 전쟁 중에 개나 돌고래가 폭탄을 맨 채로 적진에 뛰어드는 훈련을 받았다. 이 정도로 동물이 위험하거나 도구화되는 것은 아니지만 지금도 마약탐지견이나 안내견처럼 많은 동물이 인간을 위해 훈련받는다. 동물을 위한 것은 아니지만 인간에게 도움을 준다면, 우리는 어느 정도의 훈련이 윤리적이라고 말할 수 있을까? 정해진 답은 없다. 하지만 답이 없는 질문에 끊임없이 고민해야 적어도 최선에 가까운 선택을 할 수 있다고 생각한다.

동물이 좋아서
동물 관련 직업을 희망하는 분들께

어릴 적부터 동물을 좋아했다. 길을 걷다가 동물이 보이면 자연스럽게 눈길이 갔고 동물이 나오는 텔레비전 프로그램을

즐겨 봤다. 특별히 남과 다르게 동물을 좋아했었나 생각해 보면 또 그건 아닌 것 같다. 동물을 좋아했고, 안타까운 동물을 볼 때면 가슴은 아팠지만 그렇다고 동물과 관련된 활동으로 이어진 적은 없었다. 사람들이 흔히 개나 고양이를 "좋아한다."라고 말하는 것과 비슷했고, 동물에 대한 흥미와 호기심이 조금 많은 정도였다.

다른 분야에 특별히 관심이 없었고 동물은 좋았기 때문에 동물과 관련된 일을 해야겠다고 생각했다. 동물과 관련된 직업이라면 수의사 말고는 딱히 아는 것도 없었지만 대학교 전공을 동물 관련 학과로 선택했다. 내가 좋아하는 동물에 대해 배우고 동물과 함께 일하면 재미있을 것 같았다. 다른 학생들의 상황도 크게 다르지 않았다. 처음부터 특정 직업을 생각하고 학과에 지원한 사람도 있었지만, 나처럼 동물이 좋아서 온 사람들이 대부분이었다. 다들 동물을 좋아하니까 동물과 함께 일하기를 기대했던 것 같다.

내가 다녔던 학과는 졸업 후 진출할 수 있는 방향이 크게 반려동물, 실험동물, 야생동물 분야로 나뉘었다. 학과 신입생이 소개하는 시간을 가질 때면 학생 대부분은 졸업 후에 반려동물이나 야생동물 분야에서 일하기를 희망했다. 반면 동물에게 고통을 주는 행위를 피하기 어렵다는 점에서 처음부터 실험동물 분야를 염두하고 입학한 학생은 찾기 어려웠다.

시간이 지나면서 입학할 때 품었던 마음은 우선순위 밖으로 밀리는 현상을 보였다. 학과에서는 실험동물 분야의 취업률이 가장 높았다. 고학년으로 갈수록 이쪽으로 진로를 찾는 학생들이 급격하게 늘어났다. 동물과 전혀 관련이 없는 곳에 취업하거나 공무원을 준비하는 사람도 생겼다. 물론 꿈이 바뀐 사람도 있었을 것이다. 그러나 대부분 자신이 희망했던 직업에서 안정적인 미래를 기대하기 어렵다는 현실을 알게 되면서 마음이 흔들렸고 방향을 바꿨다.

원하던 직업을 갖게 된 사람도 일하면서 수없이 혼란스러운 순간을 마주한다. 다른 직업이 그렇듯 동물과 함께 일하는 직업도 돈에, 고객의 요청에, 기관의 성격에, 직장 상사가 원하는 방향에 따라야 하는 경우가 있다. 동물에게 가하기 싫은 일을 하라는 지시를 받을 때도 있고 동물에게 필요한 것을 해 주지 못하기도 한다. 동물과 관련된 직종에서 많은 사람이 동물이 괴로워하는 모습을 마주하고 현실에서 내가 할 수 있는 일이 없다는 사실에 무력함을 느낀다.

기대했던 것과 다른 현장을 겪다 보면 사람은 각자 적응하는 방법을 찾는다. 가장 위험한 방법은 현실의 일부가 되는 것이다. 현실의 일부가 된 사람은 현실을 바꾸려는 사람을 배척한다.

동물이 좋아서 동물과 함께하기로 마음먹은 사람이 동물을 위한 변화를 막는 걸림돌이 되는 것이다. 안타깝지만 꽤 많은 사람이 선택하는 적응 방법이다.

◦

수많은 흔들림 속에서 경험과 사람은 앞으로 나아갈 방향에 영향을 준다. 대학교 3학년 때 야생동물센터에서 학생 근로자로 3개월 정도 일한 적이 있다. 이때 만났던 수의사님이 동물과 관계 맺는 태도는 내가 그동안 동물을 대했던 것과 달랐다. 수의사님은 동물을 동물 그 자체로 바라봤다.

자신과 직접적으로 연결된 동물이 아니어도 동물의 가치를 지키기 위해서 열정을 다하는 수의사님을 보면서 나의 마음과 태도가 동물을 위한 일에 맞는 것일까 고민했다. 동물에게 고통을 줄 수 있는 일 앞에서 취업과 연봉에 흔들렸던 마음이 부끄럽기도 했다. 일을 제대로 경험했다고 하기엔 짧은 기간이었지만, 이때의 고민과 마음가짐이 지금까지도 활동의 방향키가 되어주곤 한다.

첫 직장이었던 동물보호단체에서는 동물트레이너가 아닌 활동가로 사람의 관심 밖에서 살고 있는 동물과 관련된 다양한 사회문제를 접할 수 있었다. 함께했던 동료들 덕분에 다른 존재를 향한 차별이나 혐오를 고민할 수 있게 된 것도 중요한 배움이다. 그곳에서 소규모로 시작했던 반려동물 보호자 대상 강의가 학교 강의로 이어져 현재는 보다 많은 동물 그리고 사람들과 영향을 주고받고 있다.

지금 나는 '곰 보금자리 프로젝트'라는 단체에서 활동하고 있다. 곰 보금자리 프로젝트는 우리나라 사육곰 문제를 알리고, 사육곰을 구조하는 활동을 하고 있다. 사육곰은 국제적 멸종위기의 야생동물이지만 야생동물과 농장동물의 경계에서 소외당하고 있는 동물이다.

2023년 4월 기준으로 한국에는 308마리의 사육곰이 살고 있다. 사육곰 문제는 갇혀 있는 야생동물의 삶을 투영한다. 생크추어리는 동물이 자연과 유사한 환경에서 살아갈 수 있도록 공간과 먹이, 수의사 진료 등의 동물복지를 제공하는 보호구역인데, 생크추어리 건립이 곰 보금자리 프로젝트의 활동 목표 중 하나다.

사육곰을 위한 활동을 시작하면서 트레이너로서 동물을 위해 할 수 있는 일의 범위도 넓어졌다. 동물트레이너는 사람과 함께 살아야만 하는 동물이 사람을 믿고, 사람이 동물에게 강요하지 않도록 도울 수 있다. 이를테면 건강 검진이 필요할 때 곰이 앞발을 내밀어 채혈에 협조하고, 동물병원으로 이동하기 위한

이동장에 들어가는 과정을 좀 더 편안하고 안전하게 느끼게끔 훈련할 수 있다.

반려동물 학과가 있는 학교에서 강의하게 된 뒤로 강의 첫 날에는 학생들에게 동물과 관련된 일을 하고 싶은 이유를 물어본다. 학생들이 "동물을 좋아하기 때문"이라고 답할 때면 만감이 교차한다. 뉴스나 인터넷을 보면 동물 관련된 일을 하는 사람이 동물을 학대하거나 비윤리적으로 이용했다는 소식을 심심치 않게 접한다. 아마 그들도 처음에는 동물이 좋아서 일을 시작하지 않았을까?

섬뜩한 마음이 들 때면 동물과의 관계에서 끊임없이 나 자신을 돌아봐야 함을 느낀다. 반려동물이 좋아서 동물과 함께 일하고 싶은 분들이 부디 처음 마음처럼 동물과 사람 모두 행복할 수 있는 길을 찾길 바란다. 나 역시 동물과 건강한 관계를 만들어 나가는 방법을 계속 고민할 것이다.

더 많은 사람과 운동장을 누비며 자라고 싶어요

전해림

"어떤 직업을 가졌느냐보다

무슨 일을 하느냐가 더 중요해요."

체육교사. 정시에 출근하고 퇴근하는 직업을 가지고 있지만 일과 취미의 경계가 불분명한 제너럴리스트. 주로 축구와 버스킹을 하면서 유튜브 채널에 꿈과 성장에 대한 흔적을 남기는 'N을 꿈꾸는 해림', N꾸림이다.

운동을 사랑하는 소녀,
체육교사를 꿈꾸다

“이렇게 손목을 더 모으고 위로 올려 봐. 그래, 맞아! 그거야! 잘한다!”

배구 수행평가를 준비하던 날이었다. 배구에 자신 없어 하던 내 뒷번호 친구는 체육 시간을 그리 좋아하지 않았던 것 같다. 2인 1조로 공을 떨어트리지 않고 리시브해야 하는 배구 수행평가. 친구는 체육에 ‘진심’인 나와 짝이 되어 부담을 느꼈을지도 모르겠다.

짝이 된 이후 우리의 특별 훈련이 시작되었다. 둘이 합을 맞추는 조별 과제는 한 사람만 잘한다고 좋은 점수를 받을 수 없다. 개별 연습 시간이 주어지면 나는 체육선생님이라도 된 듯 짝에게 공을 던져 주며 자세를 고쳐 주고, 정확하게 공을 받고 보내는 법을 알려줬다.

“하나, 둘, 셋…… 열다섯!”

1등급이라는 목표를 달성하는 순간 우리는 환호했다. 그날의 감정은 단순히 높은 점수를 받았다는 기쁨만이 아니었다. 실력이 부족했던 친구를 도와 포기하지 않고 함께 노력해 성공의 결과를 마주했다는 성취감이 카타르시스를 느끼게 했다. 특히 친구의 실력 향상에 기여했다는 점이 큰 뿌듯함으로 남았다. 누군가의 성장에 보탬이 되는 일. '체육선생님이 되면 이렇게 보람찬 일을 할 수 있겠구나.'

일주일에 1교시부터 7교시까지 온통 체육으로만 채워진 시간표를 상상할 만큼 체육시간을 사랑했던 나는 어릴 적부터 운동장을 누비는 소녀였다. 초등학교 때는 태권 소녀로 불렸고 중학교 때는 축구 소녀로 불렸다. 운동을 좋아하니까 자연스럽게 그와 관련된 직업을 택해야겠다고 생각했다. 체육을 제일 좋아하니까 체육선생님을 하면 어떻겠냐는 부모님 말씀에 우리 학교 선생님을 떠올렸다. 멋지기도 하고 나쁘지 않을 것 같았다.

ㅇ

중학생 때부터 막연하게 체육교사라는 꿈을 꾸기 시작했다. 그 꿈은 고등학생이 되면서 더 커졌다. 인정과 사랑이 넘치는 은사님들을 만나면서 '학교'라는 공간이 안식처로 다가왔다. 은

사님들의 사랑을 받고 성장하면서 나도 그런 사랑을 주는 사람이 되고 싶어졌다. 한때 방황하던 친구들이 선생님의 노력으로 비행 행동을 멈추고 공부를 시작하기도 하고, 학교에 오는 것을 끔찍이도 싫어하던 친구가 한 선생님을 존경하고 선망하게 되면서 정을 붙이고 무사히 졸업하는 모습도 지켜봤다.

'교사'라는 직업은 학생들의 인생에 큰 영향력을 주는 매력적이고 훌륭한 직업이었다. 무한한 가능성을 품고 있는 '학생'이라는 존재에게 장점을 찾아주고, 올바른 길을 안내하고, 칭찬하고 격려하며 정을 나누는, 사람을 기르는 직업. 그렇게 꿈에 대한 열정이 내 안에 자리 잡았다.

미래를 상상하는 것도 신나고 즐거웠다. 종종 체육교사가 된 내 모습을 상상하곤 했는데, 같은 꿈을 갖고 있던 친구와 모교에 교생선생님으로 와서 반 대항 피구 시합을 하자는 이야기를 나누기도 했다. "그럼 우리도 학생들 사이에서 같이 시합해도 될까?" "아이들이 겁먹을 수 있으니 맞추지는 말자." 우리끼리 미리 합의하기도 했다.

우리 반 담임선생님처럼 야자 시간에 꾸벅꾸벅 졸고 있는 아이의 어깨를 살며시 툭툭 치며 부르는 모습을 떠올려 봤다. 교무실에 데려가면 인생 상담을 늘어놓는 학생. 눈물을 흘리며 속이야기를 한참 나눈 뒤 감동한 듯한 학생의 표정. '그럴 때는 다

정하게 휴지를 건네줘야지.'

상상 속 멋진 선생님의 이미지를 그렸다(이렇게 상담을 지속하면 집에 밤 11시에 들어가게 되고 다음 날 아침 7시에 출근하면서 건강에 위협이 될 거란 현실을 그때는 몰랐지만). 좋은 선생님이 되고 싶다는 다짐과 꿈에 대한 열망은 시간이 지날수록 커졌다.

그토록
원하던 꿈을 이뤘지만

'체육교사가 되어 학생들과 운동하는 기쁨을 함께 나누면 얼마나 행복할까?' 하고 상상했던 날들은 꿈을 향해 달려가는 데 큰 도움이 되었다. 목표를 명확히 하니 내가 해야 할 일도 명확해졌다. '지금은 공부를 열심히 해서 사범대 체육교육과에 진학해야 하는구나. 그다음은 임용 고사를 봐야 하고.'

꿈에 가까워지려면 좋은 성적을 받아야 했다. 참 단순한 논리였다. 좋은 성적을 받아야 하니 공부를 열심히 해야 하고, 공부를 해야 하니 잠을 줄이고 밥 먹는 시간도 아끼는 것은 당연했다. 열망하는 목표를 향해 노력한 결과 수능을 앞두고 성적이 2등급이나 올랐다. 목표했던 대학에 충분히 합격할 수 있는 성적을 받았고, 실기 점수를 합산해 가고자 했던 사범대학교 체육교육과에 수석으로 입학했다.

대학 생활도 모두 체육교사가 되기 위한 과정이라는 생각에 한길로 향했다. 가장 빠른 경로로 체육선생님이 되는 것이 나의 꿈이었다. 당시 체육교육과에서는 필수적으로 한 종목의 동아리에 가입해야 했다. 축구, 농구, 배구, 수영, 배드민턴, 테니스 등 여러 종목 가운데서 배구 동아리를 선택했다. 임용 고사에서 배구 종목이 특히 중요하다는 이야기를 들어서였다.

그만큼 나에게 가장 중요한 이정표는 '체육교사가 되는 것'이었다. 다른 친구들이 자격증을 따러 간다고 할 때, 해외여행이나 봉사 활동 등 다양한 경험을 한다고 할 때도 크게 관심이 없었다. 그저 졸업과 동시에 임용 고사에 합격해 스물네 살의 나이에 선생님으로 학생들과 함께 즐거운 체육시간을 만들어 갈 생각에 다른 경험은 소모적이라 여겼다.

4학년에 접어드는 겨울방학부터 본격적으로 노량진에서 임용 고사를 위한 강의를 들으며 공부한 결과, 2015년 합격 결과를 받았다. 목표를 이룬 것이다. 그토록 열망했던 체육교사의 꿈이 이뤄진다니 표현할 수 없을 만큼의 기쁨과 얼떨떨함이 한꺼번에 느껴졌다. 그동안 느껴 보지 못한 감정이었다.

벅찬 마음도 잠시, 기대와 상상이 컸던 탓인지 실망감도 컸다. 학생들과의 즐겁고 유익한 체육수업을 꿈꾸며 품었던 열정은 갖가지 행정 업무와 경직된 조직 문화에 부딪히기 시작했다. 열심히만 하면 되는 줄 알았던, 세상 경험 부족한 초짜 선생님이 헤쳐 나가야 할 것은 너무 많았다. 즐거운 체육수업 꾸리기보다 출석부 관리나 벌점 주기, 공문 처리하기에 더 많은 시간과 노력을 투입해야 했다. '이러려고 체육선생님이 되고 싶었던 게 아닌데.'라는 생각이 점점 커져 갔다.

○

학교 안에서 펼치기 어려웠던 에너지와 열정은 취미와 대외활동으로 옮겨붙었다. 기울어진 운동장에서 마음껏 축구를 할 수 없었던 경험이 불씨가 되어 '여자축구 저변 확대'라는 사명감이 생겼고, 더 많은 여학생이 축구를 마음껏 즐겼으면 하는 바람으로 대학여자축구클럽연맹(현재 여자축구클럽연맹)을 만들었다. 축구에 재미를 느끼고 참여하는 여성들이 늘어나 함께 운동장을 누빌 친구가 많아지기를 바랐다. 대회를 만들고, 축구 클래스를 열기도 하면서 일을 벌이기 시작했다.

더불어 우리 학교에서도 여자축구 스포츠 클럽을 만들고 지도했다. 남학생들로 가득한 운동장을 먼발치서 지켜보기만 하

가을 운동회
교무일지
2 - 3
수행평가

던 여학생들이 하나둘 운동장에 나타나기 시작했다. 여학생들은 유니폼을 입고 한 팀이 되어 대회에 나가 어깨동무를 하고 파이팅을 외쳤다. 함께 승리를 위해 노력하고 패배를 경험하며 감정을 공유한 이들이 끈끈한 우정으로 연결돼 작은 세계가 형성되는 것을 보며 큰 기쁨을 느꼈다.

좋아하던 음악 활동을 조금 더 본격화해 버스킹 공연을 다니기도 했다. 시대의 흐름도 한몫했다. SNS 소통이 일상이 되고, 사진과 영상 기술에 대한 접근성이 높아지면서 나 역시 평소 관심이 있던 영상 편집에 푹 빠졌다. 체육활동이나 학교생활을 영상으로 만들어 보고 유튜브를 운영하면서 학습자에게 교육적 효과를 일으키는 다양한 방법을 알게 되었다. 폭넓은 활동 범위 덕에 다채로운 경험을 하면서 생각의 폭도 넓어졌다.

하지만 제한받는 때도 많았다. '선생님이 유튜브 해도 돼?' '학교생활을 왜 SNS에 올려?' 하는 부정적인 시선도 있었다. 새로운 시도가 잡음을 만들기도 하고 선의를 목적으로 했던 행동이 공격받기도 했다. 학생들과 추억을 남기고 신뢰감과 친근감을 형성하는 데 큰 몫을 하는 유튜브 채널이 누군가에게는 수익을 목적으로 아이들을 이용한다는 오해를 불렀다. 아무리 교육적이라 할지라도 다양한 의견 속에 민원을 피할 수는 없으니 활동을 자제하는 것이 안전한 선택이라는 교육청 관계자, 학교 관리자분들의 의견에 순수한 열정은 움츠러들었다.

학교가 꿈을 키워 가는 안식처이길 바랐지만 꿈을 제한하는 교도소처럼 느껴졌다. 학생들이 규칙을 지키게 하는 것이 가장 중요한 곳, 자유를 제한해 통제하면서 정해진 답을 강요하는 것이 우선으로 느껴지는 공간에서 나의 교육관과 어긋나는 행동을 해야 하는 딜레마에 점점 더 부딪혔다. 변화와 성장보다 현상 유지가 최선인 듯한 분위기 속에 나 역시 시간이 가면 안일함에 빠질지 모른다는 위협을 느꼈다.

어느새 체육교사라는 직업을 가진 내가 불편해졌다. 교사라서 경험하지 못하고 지나쳐야 하는 모든 것이 아쉬웠다. 더 나은 미래를 꿈꾸지 못하는 현실에 무언가 돌파해야 한다는 생각이 들었다. 성장하려면 무한한 가능성이 열린 환경을 찾아야겠다고 결심했다. 나는 정해져 있지 않은 길로 들어서기로 했다. 2019년, 학교에 사직원을 제출하고 4년 동안 일했던 학교를 떠났다.

중요한 것은
'직업'이 아니라 '일'

나만의 길을 가겠다고 선언한 이후 펼쳐진 세상에서는 무엇을 시도해도, 어떤 도전을 해도 가로막는 이가 없었다. 대신 행동에 대한 책임은 모두 나에게로 돌아왔다. 깨끗하게 포장된 도로에는 이정표가 있다. 신호등의 신호에 따라 출발하고, 제한 속도도 지켜야 한다. 많은 사람이 안전하기 위해서다.

울퉁불퉁한 비포장도로에서는 이 길로 가도 되는지, 가면 안 되는지 가 봐야 비로소 알 수 있다. 신호도 없고 제한 속도도 없다. 위험할 수 있지만 내가 가고 싶은 방향 어디든 나의 속도로 달릴 수 있다. 시행착오를 거치며 나만의 길을 개척해 나갈 수 있다. '체육교사'라는 직업을 향해 단단히 포장된 최단 경로로 달렸던 10대의 경험과는 달리 비포장도로 주행 경험은 '일'에 대한 관점을 송두리째 바꿔 놓았다.

'나는 왜 체육교사가 되고 싶었을까? 왜, 꼭, 굳이 체육교사여야 했을까? …… 어라? 체육교사가 아니어도 되는 거였잖아?'

내가 체육교사여야 하는 이유를 찾아봤다. 학생들의 성장이 가장 중요한 가치라면 꼭 공립학교에서 근무해야 하는지, 체육교과에만 흥미를 느끼는지, 다른 방법으로 학생들을 만날 수는 없는지……. 수없이 고민하고 생각하며 다양한 선택지를 모두 경험해 보기로 마음먹었다.

◦

고정관념에서 벗어나니 학생의 연령대는 다양했다. 내가 가르칠 수 있는 내용은 체육 말고도 많았다. 체육교사가 아니어도 체육수업을 할 수 있고, 학교가 아니어도 교육에 대한 뜨거운 열정을 펼칠 수 있는 현장은 많았다. 누군가의 성장을 돕는다는 목표를 설정하니 명명할 수 있는 이름을 가진 '직업'보다 무슨 '일'을 하느냐가 더욱 중요해졌다.

그래서 여러 가지 일을 병행하기 시작했다. 일주일에 이틀은 고등학교에 가서 체육수업을 하고, 체육교사나 크리에이터에 대한 진로를 알려주는 특강을 하고, 유아들에게 축구를 가르치기도 했다. 학교 스포츠 클럽의 즐거움과 가치를 보여 줄 수 있는 영상, 다양한 영역에서 꿈을 위해 노력하는 분들과의 인터뷰 영상을 기획하고 제작했다. 모든 일이 가치 있게 느껴졌고 모든 현장에서 보람과 성취를 느꼈다. 그 부산물로 경제적 보상도 생겨났다. 참 신기한 일이었다.

아이러니하게도 현재는 서울의 한 고등학교에서 체육교사로 재직하고 있다. 학교 현장은 코로나를 겪으며 큰 변화를 맞았다. 4차 산업 시대에 걸맞은 디지털 기기가 보급되었고, 전보다 유연해진 교직 문화, 학생들의 인권과 선택을 존중하는 문화가

자라났다. 특히 여학생들의 체육활동을 장려하고 실천하는 움직임이 활발해지면서 오래전 품었던 체육교사의 로망이 깨어났다.

이 시점에서 내가 가장 잘할 수 있는 일, 가치 있게 여기는 일을 할 수 있는 학교를 발견했고 그곳에서 일하면 행복할 거란 기대가 생겼다. 그리고 기대가 현실이 되어 체육교사로서 즐겁게 일상을 살아가고 있다.

나의 역량을 발휘하며
주변과 함께 행복하기

일은 물과 같다. 물을 어디에 담느냐에 따라 모양이 변하듯 같은 일이라도 누군가에게는 힘듦이, 누군가에게는 즐거움이 될 수 있다. 햇빛 쨍쨍한 운동장에서 흙먼지를 날리며 공을 차고 달리는 천방지축 아이들과 생활하는 게 어떤 이는 힘에 부칠 수 있지만, 또 다른 이는 그들을 바라보는 것 자체로 즐거울 수 있다. 교실이 답답하고 한시라도 빨리 벗어나고 싶은 공간일 수 있지만, 한편으로는 펜을 끄적이며 미래를 그려 보는 희망의 공간일 수도 있다.

체육교사의 일도 누군가에게는 힘겨울 수 있다. 남들보다 많이 움직여야 하고, 무거운 짐을 날라야 하는 일도 잦다. 갖가지 행사가 열리면 앞에 나서서 통솔하고 지휘하느라 큰 에너지를 쓰기도 하고, 참여자들이 즐거워 할 활동을 꾸리려면 번뜩이는 아이디어와 기획도 필요하다.

또 주로 움직이는 활동을 하다 보니 실내에서 이뤄지는 수업보다 상황의 변수가 많은 편이다. 날씨가 갑자기 바뀌어 소나기가 내리면 운동장으로 나가려던 학생들이 복도 끝에 옹기종기 모여 선생님의 지시를 기다리는 모습이 눈에 선하다. 누구는 이 정도 비는 맞아도 되니 밖으로 나가자고 하고, 누구는 비를 맞을 수 없으니 교실에서 수업해야 하는 것 아니냐며 의견 갈등이 생긴다. 이쪽도 저쪽도 모두를 만족시킬 수 없는 상황.

체육교사는 선택의 갈림길에서 여러 가지 변수를 고려해 판단해야 하는 순간을 생각보다 자주 맞이한다. 짝이나 모둠 활동을 해야 하는데 결석한 학생이 있어 연습이 곤란해지기도 하고, 수행평가 중에 줄넘기가 갑자기 파손되기도 한다. 옆 수업에서 날아오는 공에 누군가 얼굴을 맞아 응급조치로 수업이 중단되는 일도 있다.

이처럼 돌발 상황이 많이 발생하기 때문에 내 힘으로 모든 것을 통제할 수 없다. 계획이나 예측이 통하지 않는 데 늘 스트레스를 받는다면 이 일이 불행하게 느껴질 수밖에 없다. 상황에 따라 유연하게 대처하는 순발력과 융통성이 특히 필요한 일이다.

◦

오늘날 체육교과는 신체 발달이나 체력 향상을 기초로 경험을 통한 스포츠 정신 함양, 협력과 배려, 공동체에서의 소통 등 거시적 관점을 기반으로 교육 의미가 확장되고 있다. 그렇다 보니 체육교사가 수업 외에 부가적으로 해야 하는 일이 많다.

움직임이 주된 수업 요소이니 동작이나 규칙을 이미지나 영상으로 소개하는 시청각 자료 만들기는 체육교사의 과제다. 팀을 구성하고 운영하거나 경기를 진행하고 대회를 개최하는 일도 자연스럽게 하게 된다. 하물며 스포츠 클럽 대회가 열릴 때 간식을 사서 나르거나 물이나 아이스크림을 주문하는 일도 모두 체육교사가 해야 하는 일이다.

그만큼 적극적으로 움직이며 다른 이들과 소통하고 협력해야 하는 일이 많은 직업이다. 때로는 철저한 계획과 진단 아래 각을 잡고 움직여야 할 때도 있지만, 융통성이 없으면 모두를 지치고 힘들게 할 수 있다. 학생의 동작을 올바르게 고쳐 주는 코치의 역할도 해야 하고, 목표를 달성하거나 수업에 흥미를 느낄

체육수업?

수 있도록 적절한 내용을 기획하는 수업 디자이너인 동시에 학생들을 올바른 길로 안내하며 독려하는 리더, 한 학급을 운영하는 CEO 역할도 해야 한다.

이렇게 많은 일을 하면서도 대부분의 체육교사가 일에서 즐거움을 느끼는 이유는 '좋아하는 것'을 일로 하기 때문이다. 내가 좋아하는 것을 나누고 학생들 역시 즐거움과 행복을 느끼는 모습을 보면 교사에게 요구되는 부수적인 일도 나의 역량으로 여기며 수고스러운 과정을 감내할 수 있다.

학교 안과 밖을 모두 경험한 나에게 앞으로의 행보를 묻는 사람들이 많다. 누군가에게 도전할 수 있는 자극과 용기를 주는 사람이 되고 싶다. 어쩌면 너무 추상적이어서 어려운 꿈처럼 보일 수 있지만, '체육교사'라는 직업을 꿈으로 삼았던 때보다 더 넓은 시야에서 많은 일을 할 수 있게 되었다.

학생들이 건강할 수 있게 돕는 일도, 도전 의식을 심어주는 영상을 만드는 일도, 진로를 고민하는 학생과 상담하는 일도, 여학생들이 축구할 수 있는 환경을 만드는 일도, 동료들과 함께 성

장할 수 있는 모임을 운영하는 일도 모두 체육교사일 때 더 잘할 수 있는 일이 되었다. 만약 체육교사가 아닌 다른 직업을 통해 더 가치 있고 재미있게 일할 수 있다면 나의 일터는 학교 밖으로 향할 것이다. '일'을 더 잘할 수 있는 일터로 말이다.

이 글이 어떻게 체육교사가 되는지, 체육교사가 되려면 어떤 노력을 해야 하는지에 대한 '정답'이 되지 않기를 바란다. 한 사람이 체육교사라는 꿈을 가지게 된 과정과 체육교사로 일하며 얻은 '관점'이 여러분이 꿈꾸고 성장하며 고유한 직업 세계를 꾸려 가는 데 도움이 되면 좋겠다.

내가 가진 가치와 능력을 최대한 발휘하며 주변과 더불어 행복할 수 있는 삶. 행복에 가까워지는 데 가장 도움이 될 직업은 무엇일까 고민하는 시기를 지나고 있다면, 직업이 변해도 일은 계속된다는 것을 전제로 자신만의 길을 걸어 가길 응원한다.

내일은 내 일이 가까워질 거야

1판 1쇄 발행일 2023년 9월 25일
1판 3쇄 발행일 2024년 11월 4일

지은이 김시원 노지양 문성실 박혜연 배윤슬 신지은 이소영 이순영 이은조 전해림 재인 홍종원

발행인 김학원
발행처 (주)휴머니스트출판그룹
출판등록 제313-2007-000007호(2007년 1월 5일)
주소 (03991) 서울시 마포구 동교로23길 76(연남동)
전화 02-335-4422 **팩스** 02-334-3427
저자·독자 서비스 humanist@humanistbooks.com
홈페이지 www.humanistbooks.com
유튜브 youtube.com/user/humanistma **포스트** post.naver.com/hmcv
페이스북 facebook.com/hmcv2001 **인스타그램** @humanist_insta

편집주간 황서현 **편집** 김나윤 **디자인** 유주현 **일러스트** 이내
용지 화인페이퍼 **인쇄·제본** 정민문화사

ISBN 979-11-7087-046-3 43370